七重の襲　撮影・藤森武

根来足付八角鉢　室町時代　個人蔵　撮影・藤森武

猩々緋羅紗地違鎌模様陣羽織　桃山時代　東京国立博物館蔵
Image:TNM Image Archives Source:http://TnmArchives.jp/

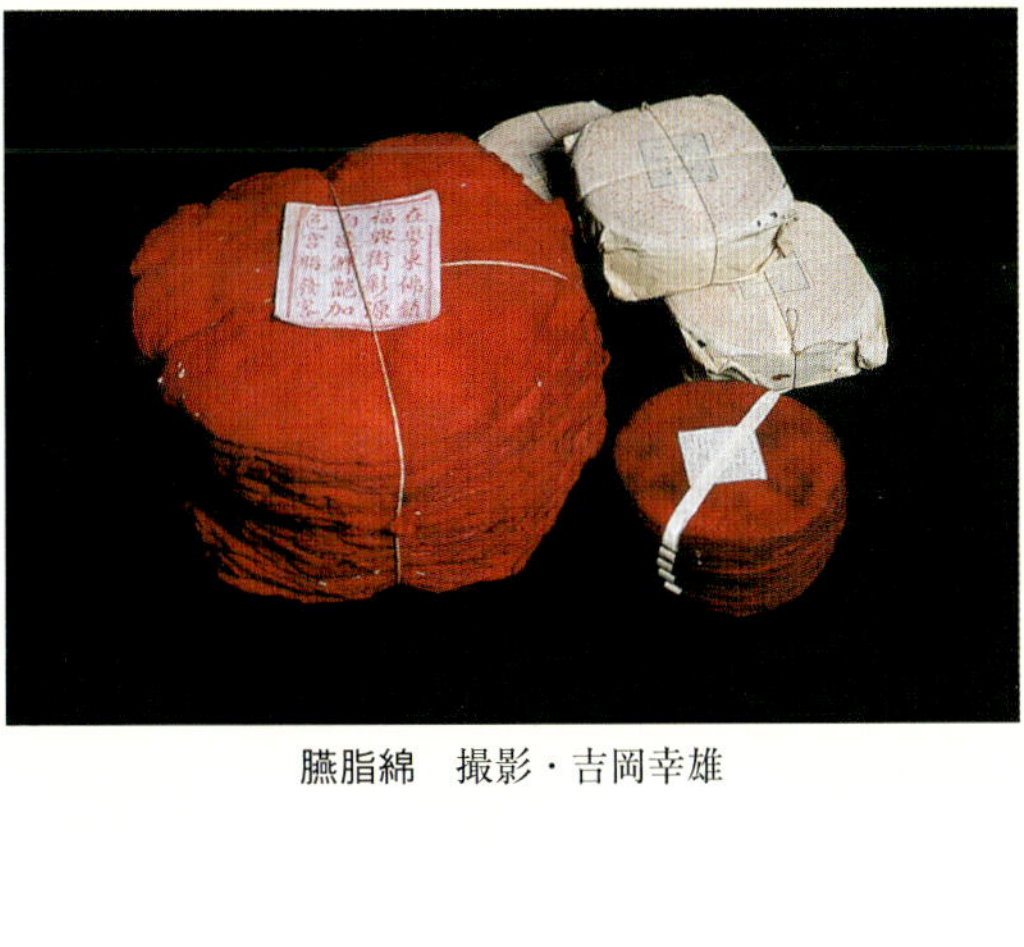

臙脂綿　撮影・吉岡幸雄

紫糸威大鎧（島津斉彬所要）
江戸時代　京都国立博物館蔵

白地桐矢襖文様辻が花染胴服　桃山時代　京都国立博物館蔵

藍染の法被　江戸時代　個人蔵

染液の表面に泡の層ができ「藍の花が咲く」　撮影・小林庸浩

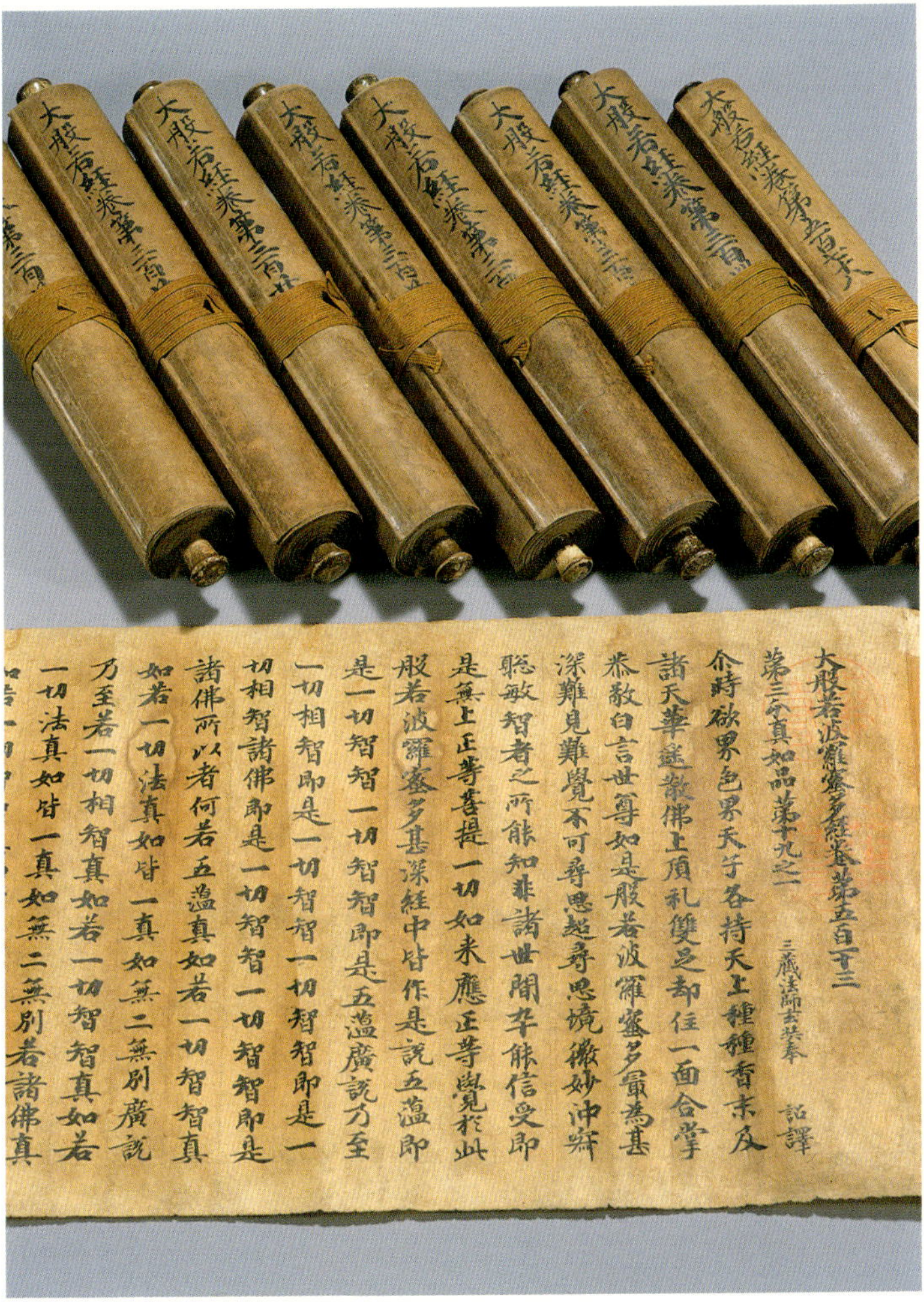

大般若経(魚養経)　奈良時代　薬師寺蔵　撮影・松藤庄平

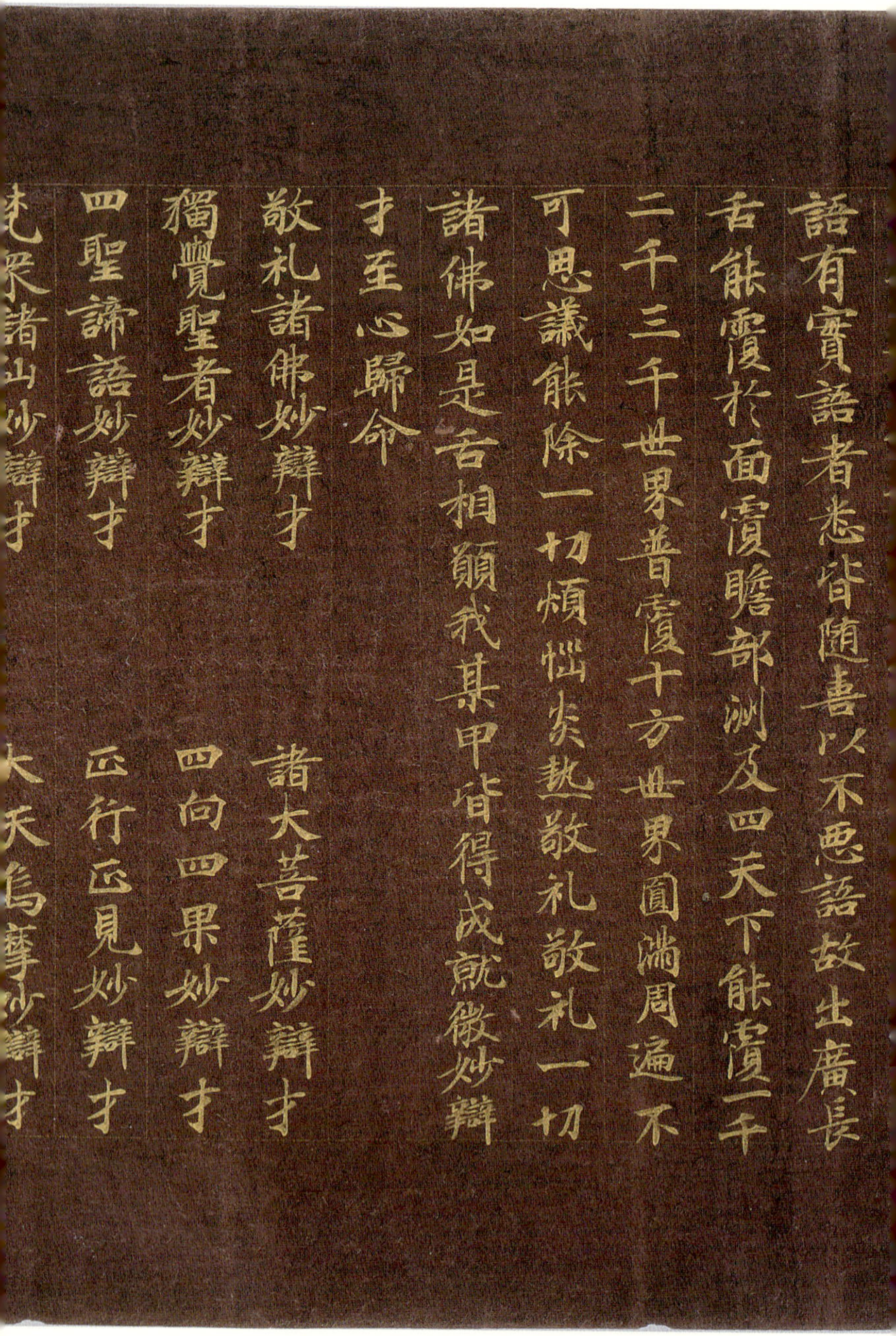
語有實語者悉皆隨喜以不悪語故出廣長
舌能覆於面覆贍部洲及四天下能覆一千
二千三千世界普覆十方世界圓滿周遍不
可思議能除一切煩惱炎熱敬礼敬礼一切
諸佛如是舌相願我某甲皆得成就微妙辯
才至心歸命
敬礼諸佛妙辯才　諸大菩薩妙辯才
獨覺聖者妙辯才　四向四果妙辯才
四聖諦語妙辯才　正行正見妙辯才
梵衆諸仙妙辯才　大天烏摩妙辯才

紫紙金字金光明最勝王経　奈良時代　奈良国立博物館蔵

松に枝垂桜菊飛鳥文様衣裳（紅型）　江戸〜明治時代　個人蔵　撮影・藤森武

紅白段枝垂桜模様摺箔　桃山時代　林原美術館蔵

竹秋草蒔絵文庫（部分・高台寺蒔絵）　桃山時代　高台寺蔵　撮影・松藤庄平

柿渋で張り合わせた和紙でつくった型紙　撮影・小林庸浩（口絵最終ページまで）

砕いた柿の実から柿汁を搾り出す

消石灰の媒染浴で茶色に染まる

摘んだばかりの紅花の花びら

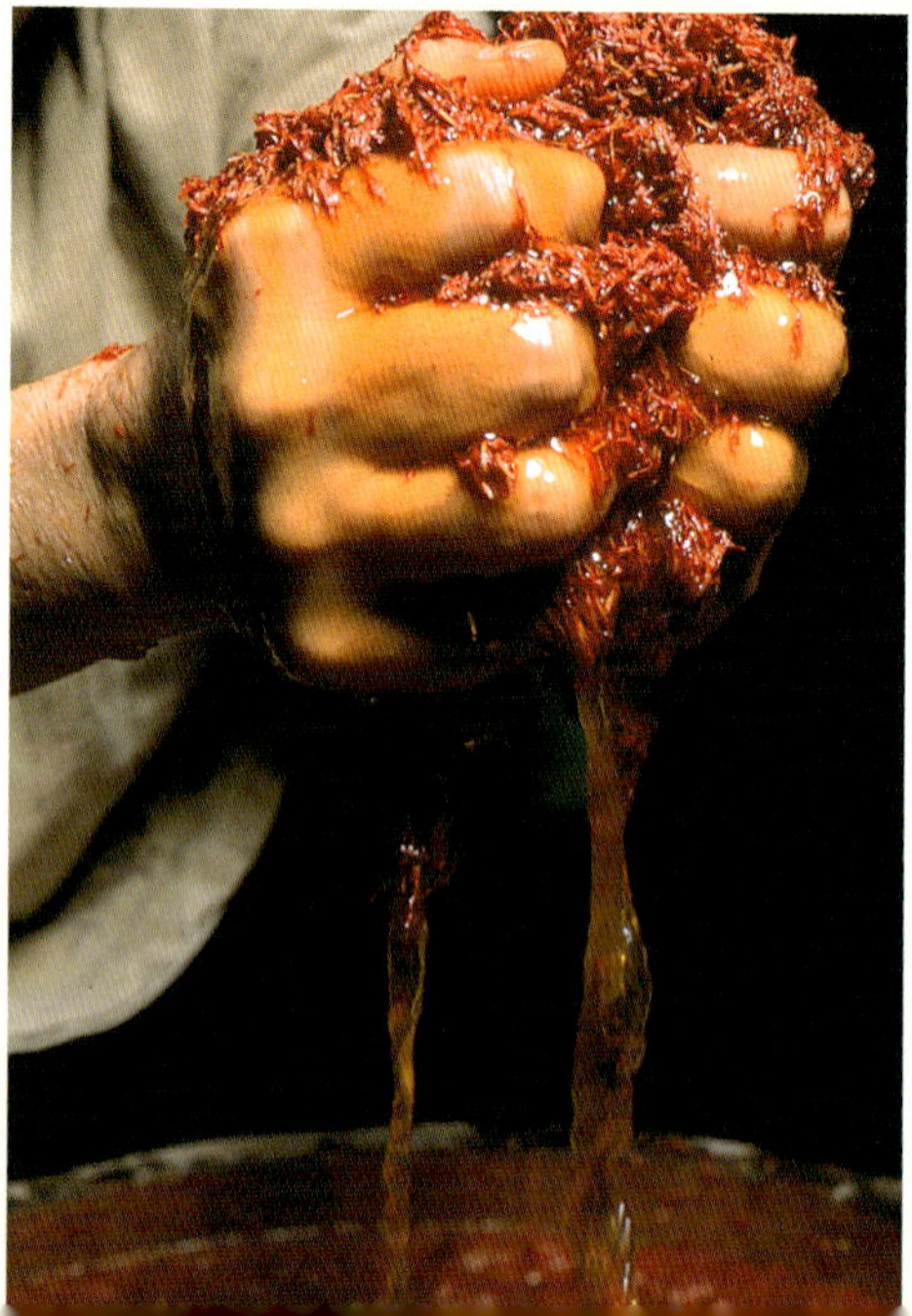

両手で色素を搾り出す

紅泥で染められた和紙を吊して乾かす

檳榔樹で染めた布を吟味する著者

日本人の愛した色

吉岡幸雄

新潮選書

日本人の愛した色＊目次

日本人の愛した色

第一章　赤への畏敬

一、古代の赤をみる

私たちの染色技法

「正統なる異端」。ある記者が私の仕事をいろいろと取材してくれたあと、記事にそんな見出しをふってくれたことがある。

化学染料が主流をなす現代の染色界において、植物・天然染料だけを専らとする染色をおこなっている私の仕事は異端のようにみえるそうである。ところが、植物染は有史以来、日本においては明治の初めまで正統かつ不易《ふえき》な染色法であったわけで、そうした意味を記者は見出しに託したのだろう。

いま私の仕事といったが、正確に記せば、私たちの仕事、といわなければならない。染織工房としての「染司《そめのつかさ》よしおか」の仕事である。

その染織工房の五代目の当主が私で、いまは京都の伏見《ふしみ》に染場があり、父の代から四十年以上この仕事に就いている練達の染師を中心にして、十名近い職人が働いてくれている。

初代は江戸文化年間（一八〇四〜一八）に奉公先から分家を許されて、京都の四条西洞院《にしのとういん》という染屋の並ぶ街の一角で「吉岡」という屋号を掲げて染屋をはじめた。

その後の変遷はここでは省略するが、私の父が四代目となり、父は家業を営むと同時に染織の研究を深め、植物染へ回帰して大学の教壇にも立った。私は長男であったが、家業は、私の弟がそばについておこなっていた。だがのちに弟は京都を離れて別の仕事をしたいと望んだために、すでに四十代になっていた私が五代目を継ぐことになる。

私は大学卒業後、出版の世界に身をおいていて、手の作業としての染色は知らなかった。だが、美術書の出版編集活動をつうじて眼の記憶としては、たとえば世界の有名な美術館のコレクションを観たり、あるいは正倉院御物など、いにしえのすぐれた染織品に対する思いが強くあって、家業を継ぐにあたっては、経営上は苦しくても古法の染色に戻ろうと決意したのである。

これが異端のはじまりだった。


いっさい化学染料を使わずに、天然の素材で糸や布を染める。これは日本においても明治時代以降、その流れは極端に細くなり、まさに途絶えようとしていたのである。だが当然、化学染よりもはるかに長い歴史があり、幸い実物も技術書ものこされている。父が研究した成果もたくさんのこされていた。

私は編集者としての勉強を実作者の勉強に切り替えたが、しばしば亡羊の歎をくり返さざるを得なかった。いまもそうである。

染料となる植物のこと、そのどの部分に色をなす色素があるのか、それをとり出す技術、色を染めつける手間と時間、助材となる媒染剤《ばいせんざい》のこと、さらに染められる側の糸や布のこと、色名とその由来など、勉強すべきことは山のようにある。

『正倉院文書』『養老律令』『延喜式』、はては中国最古の字書『説文解字』といった古書にまで眼を通す。十世紀に成立した律令の施行細則で、宮中の年中行事や制度などが書かれた『延喜式』の巻十四「縫殿寮《ぬいどのりょう》」のなかの「雑染用度《ざつせんようど》」の条には三十数種の色名とその染色方法が記載されており、それを実践してみる。解説と染めあがった色との違いに悩む。まさに試行錯誤の日々が「染司よしおか」を継いで二十年余りつづいている。

その苦闘は、古法にのっとった仕事をしつづけることで、正統でありたいという願いのあらわれなのである。

色を染め、彩りを想う

私は『源氏物語』や『枕草子』を愛読している。

といっても、必ずしも文学として読んでいるわけではない。そこにあらわされている色彩についての記述を拾い出して、自分の染色に生かし、さらに色名の由来を考えるうえでの参考にするためである。それは『万葉集』や『古今和歌集』などの詩歌でも同じである。

たとえば『古今和歌集』に、

桜色に　衣はふかく　染めて着む
花の散りなむ　のちのかたみに

という紀有朋《きのありとも》の一首がある。

美しい花の盛りはほんのわずかな日数でしかない、桜花の彩りを惜しむ作者は、その色を移りゆく季節のかたみとして、自分の衣裳にふかく染めて着たいものだ、と詠じている。

このような色や染めにかかわる歌に、眼がとまり、さて、桜の花の色とは、と考えはじめる。桜の品種も、平安時代ならば染井吉野はまだないから、山桜だろうか、里桜だろうか、八重か枝垂れか、それぞれに花や葉の彩りも異なるだろう。

また『源氏物語』を読めば、「花宴《はなのえん》」の帖で、光源氏が右大臣の宴に招かれる場面に、「桜の唐《から》の綺《き》の御直衣《のうし》」を纏《まと》って出かけたとあり、それは「なまめきたる」姿であったと記されている。ここでも桜の色や桜の襲《かさね》について考えはじめるのである。

とにかくつねに色の表現を気にしているせいで、何をみても、何を読んでもそのことが気になる。

それにしても、現代の作家たちの色彩語彙の乏しさはどうしたものだろう。

ピンク、ブルー、グリーン、グレーといった概念的な色名しか文章にあらわれないし、やや詳細に表現したとしてもマリンブルーとかオリーブグリーンといった外国語の色名である。

これは着物など和装の衰退によって、古来の色名がつぎつぎに失われ、つまりは作者と読者との共通認識が得られなくなっているからだろう。

代赭色《たいしゃいろ》、棟色《おうちいろ》、納戸色《なんどいろ》、麴塵色《きくじんいろ》、波自色《はじいろ》、苦色《にがいろ》、橡《つるばみ》色などと描写したところで、その色が読者の頭に浮かばない。いまもこの色彩は日本の万物のなかにあるのだが、色名が失われると、色そのものがなくなってしまうことにつながるような気がする。

色の文化は古代のほうがはるかに豊かであった。

それはとくに正倉院の宝物に遺る色や、『源氏物語』の色彩描写にみることができる。だから私の仕事は古代への回帰であるといっていい。


日本人の愛した色は、つまるところ美しい景観をみつめて、自らの衣裳や絵画、工芸などにあらわし、また物語や歌に託してきた色彩なのである。

赤を畏れ、赤に憧れる

未開の人類まで遡らなくとも、人々は電気などの人工の光を得るまで、陽が沈んで眠り、陽が昇るとともに起きていた。太陽光線によって、視界を得る、ものの動きをみることができる。すなわち安全を確保できたのだ。その感謝の気持ちは、いまの時代よりはるかに深く、日本人は太陽を「御日様・御天道様」と呼んで、長い間、崇敬してきたのである。

陽がさしているあいだはさまざまな活動ができる。家族の表情も確かめられる。その太陽の光に対する感謝と敬虔な気持ちは朝日が昇ってくる瞬間からはじまる。

生命の営みの根源が太陽の「赤」にあると私は思うのだ。

私がそう思う印象深い体験をお話ししたい。

京都生まれの私は、清少納言の『枕草子』の冒頭にある、

「春は、あけぼの。やうやう白くなりゆく山ぎは、すこしあかりて……」

といった明け方はゆっくりと東山の空が明るんでくるという情景を、朝のけしきとして永年にわたって親しんできた。山を東に越えた琵琶湖の湖面には、すでに朝日がきらめいているのだろうが、その光が空に映り、私たち京都に住む人間はゆっくりと明るくなっていく早朝の様子をみてきたのだ。

それとはまったく異なる体験をした。

それは、ユーラシア大陸の砂漠地帯の地平線から太陽が昇ってくる瞬間をみたことであった。いまから十五年ほど前になる。私はシルクロードの遺跡を訪ね、二千年ほど昔に中国から西域の各地にもたらされた美麗な絹の裂《きれ》を調査する旅をつづけていた。

私たちは、シリアのパルミュラ遺跡を訪れた。周知のように、北はユーフラテス川流域の平野、西は地中海をのぞむ広大なシリア砂漠、そのなかに泉より湧き出す清らかな水が緑林を育むオアシスがあり、かつてそこにパルミュラという豊かな都市が築かれた。そのパルミュラはキリスト誕生のころ、ローマ帝国とパルティア王国の狭間にあって、シルクロードを東西に行き交う人々で賑わいをみせていた。

現在も遺る巨大なベル大神殿、そこに居並ぶ石造の列柱、城砦、死者の谷の塔墳墓群など、いずれもシルクロードの交易で繁栄した大都市を物語るものであった。

その遺跡より二千年の眠りから覚めた宝物を調査した二日目の、まだ夜が明けやらぬ時間に起きて、寒さのなか神殿越しに広がる地平線から昇る太陽を、私は待っていた。やがて、東の空の雲に、黄茜色の光が射したかと思うと、太い石の列柱を額縁にするかのように、真赤な太陽がゆっくりと昇ってきた。その輝きは荘厳で、しばし陶然とその光景を息をのんでみていたのであった。

「やうやう白くなりゆく山ぎは、すこしあかりて」という、湿気を帯びた空気のなかでくり広げられる、日本の曖昧な朝の光景になれている眼にはまことに感動的な経験で、太陽の光の偉大な力をあらためて実感した瞬間であった。

赤の神秘性

人間が色を意識したはじめは、このような太陽の「赤」の色であると考えていいのではないか。

さらに、人間は火を得ることになる。これも「赤」である。

原始の時代、自然に発生した山火事に恐怖を感じていた人間は、やがてその火種を持ち帰ったり、あるいは、石を打ちあわせたり、木をこすりあわせたりして火を得たのであろう。

そして、火を調節して、ものを燃やすことを考える。食物を焼いたり、煮たりする。さらには土を焼き、器をつくることを覚えていく。

また、火は明かりにもなる。夜という暗闇を克服することができるのである。ここにも「赤」に対する畏敬の感情が生まれていったことがうかがわれる。

おまけに「赤」は、血の色である。まさに生命の色である。体内を流れる「赤」色を失うことは死に結びつく。

太陽が没すること、血を失うこと、すなわち「赤」を失うことを畏れて、より「赤」の色を意識したのではないだろうか。

太陽によって一日が「アケル」。その「アケル」という言葉から、アケ、アカになり、逆に

「クレル」からクロになったと考えていいのではないだろうか。

人間に活動の自由を与え、万物に生命を与える、昇る太陽の恵みを受け、さらに生命の源である血の存在を知って、人間が「赤」の色に強い関心を示したのは当然のことといえるだろう。


人間が衣服を染めたり、身の回りの用具に色を施したりと色彩に関心をもつのは、自然界があらわした色彩に美しさと力を感じて、その色に驚き、憧れ、美と力を自分の身に写したいと願ったことにはじまるといっていいと思う。

生命の源の色、赤はとくにそうだろう。

一九六一年以来、約二十万点の遺物が出土して「縄文のタイムカプセル」と呼ばれる福井県若狭町の鳥浜貝塚では、朱漆塗りの櫛《くし》や、朱か純度の高い弁柄《べんがら》で彩色された彩文土器が出土している。大阪府高槻市の安満《あま》遺跡からは、やはり朱を漆にまぜて塗った弥生時代の木製品が発掘されている。

また、福岡県筑前町の七板遺跡から出土した弥生時代中期の丹塗磨研《にぬりまけん》土器は、曲線の見事な造形と、研磨された表面の美しさに驚くとともに、その土器の全体に、まんべんなく塗られた朱の鮮やかさに眼をうばわれる。

朱のような赤系の顔料は、焼物に塗ったり、布帛《ふはく》に描いたり、墳墓のまわりに塗って装飾するなどという用途のほかに、顔あるいは身体に塗るということもおこなわれていた。それは縄文時代からあったようで、岩手県盛岡市の手代森《てしろもり》遺跡で発掘された遮光器《しゃこうき》土偶は、全身に朱が塗布された痕跡がのこっている。

このような身体装飾は、化粧をするという美しさの表現手段だけではなく、魔除けの意味をもっていたり、また成人への通過儀礼だったり、権威の象徴として他人を威圧する手段でもあったのだろう。

こうした習わしについては、三世紀末に記され、邪馬台国のことが書かれた「魏志倭人伝《ぎしわじんでん》」にも、つぎのような一節がある。

「倭の地は温暖、冬夏生菜を食す。皆徒跣《とせん》なり。屋室あり、父母兄弟、臥息処《がそくところ》を異にす。朱丹を以てその身体に塗る。中国の粉《ふん》を用ふるが如きなり」

朱丹、すなわち朱か弁柄を身体に塗る風習があるといい、これは中国において粉、脂粉とか粉飾といった「おしろい」を使うようなものだといっている。

また、つぎのような一文も興味深い。

「真珠・青玉出だす。その山に丹あり」

真珠や青玉を産出し、地震などの地殻変動によって断層が地表にあらわれたところには硫化水銀鉱物である朱（丹）か酸化鉄である弁柄が露出していたのだろう。奈良の吉野には、かつて朱を採取したであろう跡に、丹生川上《にうかわかみ》神社が上社、中社、下社と三カ所建っていて、「丹生」はその名残とも考えられる。

古墳時代になると、茨城県ひたちなか市にある虎塚《とらづか》古墳にみられるように、古墳内部に朱や弁柄、白土《はくど》などを用いて、大胆な壁画を描いて装飾するようになる。

さらには、五世紀の終わりころから六世紀になると、内部を装飾する壁画や人物埴輪などに赤の彩色が目立つようになってくる。その例としては、熊本市の千金甲《せごんこう》一号墳の壁画がある。三重の同心円と対角線を引いた文様とが交互に浮き彫りされて、その全体には朱、あるいは弁柄の強烈な赤が塗られ、さらに同心円の部分には赤黄青の色が塗り分けられている。

また、群馬県太田市の塚廻《つかまわ》り古墳からは、人物埴輪が出土しているが、盾持《たてもち》人物埴輪には顔面に斜めの太い線で赤い顔料が塗られており、身体も赤く染め分けた衣裳を着用しているようにみえる。

やがて七世紀末の貴人の墓と推定される、奈良県明日香村の高松塚古墳にみられるような極彩色の壁画があらわれるのだが、それ以前、古代人らは、土偶に、土器に、木製品に、そして自らの顔や身体に、死後に眠る古墳に赤の色を施したのである。

太陽、炎、血につながる赤の色を、その生命観、神秘性において畏敬しつつ獲得していったのであろう。

紅花の渡来

古く色彩表現の素材は、土や岩石から採取する「顔料」と、植物の葉や根から抽出する「染料」とに大別できる。

日本において四、五世紀まで、赤をあらわす色材は、顔料では「朱・弁柄」、染料では「茜《あかね》」であるとされてきた。

ところが、最近の考古学の研究成果によって、染料に「紅花《べにばな》」がすでに三世紀には登場していたのではないかと、日本への紅花の渡来時期が従来より遡れることがわかってきた。

日本の彩色文化の源流である中国では、紀元前二、三百年に紅花が新しい赤の染料として登場する。

紅花の原産地は、エジプトやエチオピアといったアフリカ東部といわれている。私もピラミッドの発掘調査のためエジプトには二度ほど足を運んだが、カイロにある農業博物館で、サッカラという遺跡から出土した紅花の染料を固めた口紅のようなものをみたことがある。その出土品は紀元前七世紀のものと推定されているので、エジプト周辺では、かなり古い時代から紅花の赤が染料や化粧用などに使われてきたことがわかる。

つまり、中国で発明された絹とは反対に、紅花はシルクロードを経由して、西から東へもたらされたのである。

シルクロードの長さは果てしないと思えるほどである。中原の地、洛陽から西安を経て西へ向かう道は、まず函谷関を越えることになる。甘粛省の省都、蘭州は、黄河の水運の街として栄えた地である。ここから黄河を渡り、河西回廊へと入っていく。

私はこれまでに三度ほどこのルートを飛行機で西へ向かい、万年雪をいただく祁連《きれん》山脈を高い位置から見下ろしたことがある。

その祁連山脈の麓一帯は、紀元前三世紀までは匈奴と呼ばれた遊牧民が支配していた。ところが、紀元前一四一年に即位した前漢の七代皇帝である武帝は、霍去病《かくきよへい》と衛青《えいせい》の二将軍を抜擢して精鋭の騎馬軍団を統率させ、その地へ攻め入った。

そして、匈奴の人々が育んできた紅花の栽培地も、手中にしてしまったのである。

そのことを、匈奴の王が嘆き悲しんだ詩がのこっている。

失我焉支山　我が焉支山を失い
使我婦女無顔色　我が婦女をして顔色無からしむ

紅花の栽培地を奪われて、私たちの国の女性は紅の色を顔にさすことができず、顔の色を失ったというのである。いまでも、祁連山にある山のひとつは口紅山と称され、その近くの村には、漢の軍隊に、大切な紅花の畑が奪われたことを嘆いて切々と詠う民謡が伝わっている。

漢による支配ののち、紅花は鮮烈な赤の衣裳を生み出す染料として、また口紅や頬紅などの化粧品として、たちまち中国の各地に伝わり、その後、日本へもたらされ、技法も定着していったとされていた。

これまで五世紀に紅花が日本へ渡来した、というのが定説であった。そして当時、日本と交流のあった呉《ご》の国から入った染料なので「呉藍《くれあい》」と称した。赤なのになぜ藍かというと、藍は染料の総称であったからである。また、日本からみると中国は太陽の没する方向だったことから、日暮れの「くれ」と訓じたという。「呉服《くれはとり》（ごふく）」とか「呉竹《くれたけ》（ごちく）」などの読みも同様の理由からである。さらに、呉藍は「くれない（紅）」に転訛する。

「朱丹を以てその身体に塗る」という「魏志倭人伝」の記述も、邪馬台国の時代なら、朱か弁柄といった顔料であろうと思われた。

先にも少し触れたが、その定説をくつがえすかもしれない画期的な発見がなされて、話題になっている。

奈良県桜井市の纏向《まきむく》遺跡[註1]の三世紀中ごろの溝跡から、大量の紅花の花粉が付着した土が採取されたのである。纏向遺跡は大和王朝期の初期に発展した集落跡と考えられ、邪馬台国がこの地にあったとすれば、卑弥呼の衣裳や化粧用に紅花が使われていたと想像してもいいわけである。

この発見は、それまでの五世紀渡来説を一気に早めるもので、極めて注目される。

紅花は絹を赤く染めるのには優れた色材で、加えて口紅などの化粧用としても重要な素材である。

紅花による染色は、私の工房では冬になると毎日のようにおこなっている。紅花で染める場合、夏に摘みとった花びらを乾燥させて使う。まず大量の水で花びらを洗って、花びらに含まれる黄と赤の二種類の色素のうち、黄色を洗い流してしまう必要がある。その際に花びらに付着している大量の花粉も一緒に流れ出てしまう。このことから、発掘された溝跡のまわりに紅花の染工房、あるいは化粧品を造る工房があったと考えてもよいだろう。

それにしても卑弥呼の時代に、大和盆地の一隅で紅花染がおこなわれていたであろうことは、私にとって驚くべきことで、「魏志倭人伝」の朱丹を身体に塗るという表現の「朱丹」というのは字義どおり土からとった顔料ではなく、朱丹の色と同じような紅花でつくった化粧用のものかとの疑問もわく。しかし、結論を急いではいけない。私は、先に引用した「魏志倭人伝」の「山に丹あり」という記述から、朱丹という赤の彩りは、あきらかに山から採取したものであるとみているからである。

奈良県斑鳩町の藤ノ木古墳で、石棺内に紅花の花粉が付着していたと報告され、同時に、紅花で染めた衣裳を被葬者が着ていたという推測もなされた。現場にいたわけでなくテレビ映像と書籍のカラー写真による判断にすぎないが、私はこれには否定的である。

というのは、先にも書いたように、染料にするにしろ、化粧用にするにしろ、花びらを何度もよく洗ってから染液を取り出し、よく布で漉《こ》してから用いるので、花粉が最終的にのこることはありえないからである。

しかし、それはともかく、藤ノ木古墳の石棺の重い蓋が開けられて、その蓋裏や縁に塗られた鮮烈な朱丹の赤をみたときは衝撃的だった。

古来のまま、眼にも鮮やかな赤が千三百年以上の歳月を経てのこっていたからである。そして紅花の花粉との報告に、石棺は朱丹で塗られ、さらに紅花の花びらで埋め尽くされて、被葬者は極めて印象的な彩りに囲まれていたことだろうと私なりに感慨を深くしたのであった。

さらに、七世紀の終わりころのものとされる奈良県明日香村の[註2]飛鳥寺南方遺跡の、下水や雨水をまとめて流す石組溝からも大量の紅花の花粉が発見されており、日本においてもこの時期にはすでに紅花の栽培がおこなわれ、紅の製造が組織的におこなわれていたと考えていいように思われる。

註1　二〇〇七年十月三日　朝日新聞関西版・読売新聞奈良版による
註2　飛鳥藤原宮発掘調査概報23　奈良国立文化研究所　平成五年五月

弥生時代の茜染

人間が古代より使ってきた染料は、基本的に植物の葉や根、または花や樹皮の部分を煎じて、水に溶かしたものである。その水や湯に布や糸を浸けて染色する。

「魏志倭人伝」に卑弥呼が魏の国に献じる品物についての記述がある。

「倭王、また使大夫《しのたいふ》伊声耆《いせき》・掖邪狗《えきやく》等八人を遣わし、生口《せいこう》・倭錦《わきん》・絳青縑《こうせいけん》・緜衣《めんい》・帛布《はくふ》・丹・木《もく》柎《ふ》・短弓矢を上献す」

と書かれている。絳は赤、縑は平絹をあらわして、倭錦とは日本製の錦の織物という意味である。国産の錦や赤と青の絹布や麻布、それに丹（朱）を献上していることがわかる。

この記述によれば二世紀後半から三世紀にかけて、赤い布をつくるのに、染色技法が完成していたか、もしくは朱や弁柄を糸に塗りつけていたかのいずれかだったろうと判断できる。

染色だとすれば、その染料は茜かさきに書いた紅である。日本で染色に用いられてきた茜は、アカネ科の多年生の蔓草で、茎は四角形で、表面を下向きの小さな刺がおおっており、秋になると小さな淡い黄色の花を咲かせる。根はひげ状に細かく分かれていて、一年目のものには黄褐色と赤とが混在するが、二年目のものから赤みを帯びるようになる。中国で使われたものも同じ種類で、漢代に成立した中国最古の本草書『神農本草経《しんのうほんぞうぎょう》』にも記載されており、紀元前後に中国では、この茜による染色がすでにおこなわれていたとみていいだろう。

茜染は、根を煮出して染液をつくる。古代においても火を使って煮ることは可能であったろうが、染色をするためには、染液をつねに高温に保っていなければならない。それには保水力をもつ器が必要である。よい色を得るためには、保水性がよく、高温に耐える比較的大きな器がつくられるのを待たねばならなかったと常づね考えていたが、これも最新の考古学の研究により時代を遡る可能性が高い。

飛鳥、天平の遺品

六世紀中頃に百済《くだら》から伝来した仏教は、聖徳太子が摂政になることによって根を下ろしはじめると、それまでの日本人の思想を変え、美と色彩の概念を大きく変革することにもなる。

飛鳥時代には四天王寺、法隆寺が、白鳳時代には薬師寺といった大寺院が建立され、その豪壮な建造物は人々の耳目を驚かせた。また仏像、仏画は、その写実性と細密性とがあいまって、仏教への信仰を厚くするのに寄与しただろう。

寺院の大屋根には端然と瓦が葺かれ、太い柱や木組の扉には鮮やかな朱が塗られ、連子窓は緑青で彩色されていた。

たとえば、今日でも晴れた日に薬師寺を訪れると、天空の青のもと、再建された伽藍のなかに瓦の黒、建物の朱と緑とが目の覚めるような色の対比をみせてくれる。

行事がおこなわれる日には、境内に幡《ばん》や幕など華麗な装飾品が飾られ、いっそうあでやかな色彩の世界が展開されたであろう。もちろん、堂内に安置される金色の諸仏像や須弥壇を取り囲む灌頂幡《かんじようばん》の金工の輝き、また染織品の数々も、驚愕の眼差しでみつめられたにちがいない。仏教が新しい色彩を伝えてきたのである。

世界最古の木造建築である法隆寺には、千三百年を経た飛鳥文化の香りがいまも伝えられている。

私は小さいころから父や伯父に連れられて、いくどとなく法隆寺へ足をはこんでいる。

あるとき伯父の日本画家吉岡堅二が、かつて自らが挑んだ金堂壁画の模写の前へ私を手まねきして、第三号壁観音菩薩立像の腰のあたりの裂が、この法隆寺に伝来する「太子《たいし》間道《かんどう》」という染織品を描いていること、第六号壁阿弥陀浄土図のうちの観音像には、同じく法隆寺に伝わる「蜀江錦《しよっこうにしき》」の布が描写されていることを教えてくれた。

「太子間道」というのは赤地に矢絣《やがすり》風の文様があらわされた経絣《たてがすり》の裂で、聖徳太子にゆかりのある裂という意味から、このような名称がつけられたのである。絣というと、とかく紺色の木綿布を思い浮かべるだろうが、これは鮮やかな色彩の絹で織られた、現存する世界で最古の絣布である。

また「蜀江錦」も赤地の裂で、格子のなかに小さな丸文が連なった連珠文様があらわされていて、経の糸を浮き沈みさせながら織りあげる経錦《たてにしき》という技法が用いられている。これは中国ではおそくとも漢の時代よりおこなわれてきた伝統的な技法であるが、極めて難しく、八世紀に入るとペルシャ方面から伝わってきた緯錦《よこにしき》に代わってしまう。

この裂は織り方の困難さと同時に、まず美しい赤の色彩に眼を瞠るのである。「蜀江錦」は名称からもわかるように、中国の蜀の国が赤地の錦のすぐれた産地であったところから、四川省の成都あたりで織られたものといわれている。同じ文様のものが敦煌莫高窟《とんこうばつこうくつ》第四二七窟の隋の時代に描かれた壁画、仏三尊像のうちの脇侍菩薩の着衣にもあらわされている。

七世紀の終わりに制作された法隆寺の金堂壁画の大画面には、それ以前に法隆寺に伝来した「太子間道」と「蜀江錦」が存在していたからこそ、それらを手本に仏像の衣裳を描くことができたのである。

さらに、法隆寺に伝来する注目すべき「赤」がある。

それは、推古天皇が使用していた几帳、つまり布製の間仕切りのようなものにつけられていた直垂《ひたたれ》である。これは金の金具と鈴がついた赤地の平組紐帯である。この赤も千三百年の歳月を感じさせない鮮やかな赤を今日までのこしている。

これらの鮮烈な赤を染めた色材は、茜なのか臙脂虫《えんじむし》（紫鉱《しこう》／カイガラムシ）か簡単には断定しにくいが、いずれにしてもこの長い年月、美しい色を保てるだけの染料で染められていることは確かである。

飛鳥時代から天平時代の赤は、私のような仕事に携わるものには、その美しさに憧れるとともに重く背負わされた研究課題である。千年以上も前の遺品をみつめていると、はたして染織の技は進歩したのか、退歩したのかと考えざるを得ない。

宮廷貴人の衣裳

六二二年（推古三十）、聖徳太子の没後、后の橘大郎女《たちばなのおおいらつめ》は、太子が往生した天寿国の様子をあらわそうと、椋部秦久麻《くらべのはたのくま》に命じ、三人の画師に絵を描かせ、官女たちに刺繡をさせた「天寿国《てんじゅこく》繡帳《しゅうちょう》」（国宝）を制作させた。

その残欠（たて約八十九センチ、よこ約八十三センチ）が法隆寺に隣りあう中宮寺に伝わっている。それは羅という経の糸二本を交叉させて織りあげる技法で、絹の薄織物を仕立て、そこに多彩な刺繡を施したもので、蓮台にのる仏、兎や亀や鳳凰《ほうおう》などの動物、唐草や流雲が上部に、下部には神将や僧、また貴人とおもわれる人物が十数人ばかり描かれている。

この「天寿国繡帳」の人物像から、当時の宮廷貴族の服装がどのようなものであったかを推測することができる。

男性の姿をみると、上衣は古墳時代に比べゆったりと着けているようで、腰のあたりを帯で結んでいる。下には衣褌《きぬはかま》をはいているが、その上に上衣のなかに半ば隠れるように褶《ひらおび》、いまでいう短いスカート状の巻き布を着けていて、衣褌の裾と合わさっているようにも見える。

女性は帯を締めている人と、そうでなくゆったりと着ている人もある。そこからは褶がわずかにのぞき、その下は長く足元まであるゆったりとしたスカート状の裳《も》を着けている。

こうした着装はいずれも隋の強い影響を受けた大陸風のものであるが、この刺繡布に施される色の多彩さ、そして赤の色の鮮やかさ、羅の織りや縫いの技の高度さからみて、飛鳥時代もしくはそれ以前に渡来したすぐれた技術を習得しながら、日本でも、中国の都人と変わらない服装が貴族のあいだで着られるまでに進歩している様子がわかるのである。

やがて中国では、大唐帝国が出現し、日本も中大兄皇子（のちの天智天皇）による大化の改新、そのあとを受けた天武天皇の即位によって、より強力な国家体制が整っていく。

そして、冠位、服制も時代とともに変化していった。こうした時代装束の移り変わりは、高松塚古墳の壁画によって、垣間みることができる。

高松塚古墳の壁画は、一九七二年（昭和四十七）に発見され、それまでにはない本格的な壁画が描かれた古墳として、大きな話題となり、最近は石室の解体作業が注目された。その時代はおよそ七世紀の終わりから八世紀のはじめにかけてとされ、当時の衣裳風俗を知るうえで貴重な史料といえる。

西壁に描かれた四人の女性はそれぞれ朱、黄、緑、白の上衣をつけ、そのうち二人は、朱緑白とそれぞれ染め分けた布を縫いあわせた裳をはいている。これは新疆ウイグル自治区博物館に収蔵されている加彩舞女木胎俑とよく似ている。

ただ、唐時代の中国の風俗を写した工芸品あるいは古墳壁画に描かれている女性風俗画には、左前の上衣をみることがなく、高句麗《こうくり》の壁画に近いという指摘もあった。朝鮮半島の風俗が色濃く影響しているのか、あるいは日本独自なのかが、今後の研究でも注目されるところである。

正倉院にのこる染織品

七一〇年（和銅三）、元明天皇のときに都は藤原京から平城京へと遷った。この都は唐の長安を範として、大内裏からまっすぐに朱雀大路が南へ延びて、その両側の左京、右京に条坊制による街区がつくられた。

その後、大宝律令につづく養老律令が施行されるなど強固な国家体制が確立されると、染織技術でも、国が定めた令制で大蔵省に属する織部司《おりべのつかさ》という染織加工所が設けられる。そこには、挑《あや》文師《とりし》という文様や製織の指導に当たる官職がいて、都の近辺だけでなく、かなり遠く離れた地方にも派遣されて染織指導をおこない、生産性の向上をはかった。

この奈良時代の染織の優秀さをつぶさに物語るのは、なんといっても東大寺にある正倉院にのこされた小さな断片もふくめ数千点にもおよぶ裂類であろう。

聖武天皇は仏教の流布に力を注いで、仏教による鎮護国家を目指した。平城京の山麓に東大寺の前身となる寺を建立し、そこに盧舎那仏《るしやなぶつ》造立の詔《みことのり》を発して、国家的大事業として進めたのである。

七五二年（天平勝宝四）には開眼供養がおこなわれ、四月九日の供養当日には聖武太上天皇はもとより、光明皇太后、孝謙天皇が列席した。導師として遠くインドから招いた菩提僊那《ぼだいせんな》をはじめ、各国から僧侶など約一万人が参列したという。

そのときの様子は『続日本紀』に、

「仏法東に帰《いた》りてより、斎会の儀、嘗て此《かく》の如く盛《さかり》なるは有らず」

と記されている。国際色豊かで、シルクロードの先にある東の終着点としての都にふさわしい仏教の式典であり、東西文化交流が日本に結実したという晴れの祭典でもあった。

大仏殿建立の儀式に使われた諸法具や、聖武天皇遺愛の品々、東大寺の諸道具などが収められたのが、中心的な蔵「正倉院」である。

これらの厖大な宝物は、校倉造《あぜくらづくり》の蔵のなかで千二百年ものあいだ大切に保存され、私たちは奈良時代の文化の粋《すい》を、つぶさにみることができるのである。

私は、毎年秋の曝涼のときに、奈良国立博物館で開催される正倉院展で多くの染織品をみてきている。

また、かつて流出していまは個人に蔵されている裂や、古美術商が所蔵しているものを、好意でみせていただいている。これらのものは博物館のガラス越しとは違い、織の組織、色の染技法を詳細に観察することができて、私の仕事にはおおいに参考になった。

正倉院の染織品を目のあたりにすると、世界の染織史上、各地でおこなわれてきた技術のほとんどがここにあるということを常に感じ、しかも、それらがきわめて高度で、完成の域に達しているという事実に圧倒されるのである。

このように飛鳥から天平時代にかけては、円熟した多彩な美術工芸品や、それを制作する技術が、文明の交流によって怒濤のように日本へ渡来してきた時期である。それらの品には、遊牧系民族の羊毛製のフェルトのほかガラス製の工芸品などもあって、中国だけにとどまらずはるか西方から渡ってきたものだった。

国産の赤染材

私は、日本人が受容した赤色の染料としては、茜と、前述したように、おそらく三世紀に渡来して、すぐに日本でも栽培がはじまった紅花、そして輸入品として臙脂虫、蘇芳《すおう》の四種があったと考えている。

まず、日本にも古来より自生していた茜の根による染色は、さきにも記したように遅くとも四世紀からおこなわれていた。それが奈良時代に入って、いっそう染色技術が発展したことが、正倉院宝物にみられる染織品からも推し量ることができる。

正倉院に収蔵される染織品のすべてが国産のものとは断言できないが、そのなかで、日本で織成されたと考えられる一例をみてみよう。

正倉院宝物のなかでも著名な「平螺鈿背八角鏡《へいらでんはいのはっかくきょう》」は、螺鈿や赤い琥珀、トルコ石が埋めこまれて印象的な鏡であるが、これを納める「漆皮《しっぴ》鏡箱」の身の内面、これには鮮やかな茜染の糸で綾地の唐草文が織られていて、その鮮やかな深い緋色の色彩は、千二百数十年の時を経たものかと疑いたくなるほどの光彩を放っている。

また、後述する青梅《おうめ》市の武蔵御嶽《むさしみたけ》神社の甲冑《かっちゅう》の糸もそうだが、日本、中国、韓国などに生育する東洋茜は、どの植物染料よりも色の耐久性にすぐれていて、保存の条件さえよければ長い歳月を経ても美しい彩りを保っている例が多い。
ちなみに、インド周辺で産する茜も、江戸時代に輸入されたインド更紗《さらさ》などに使われている。東洋のものとは色素構造が異なるようだが、より丈夫で美しい色相が長い年月のこっているものがみられる。

紫鉱とは、臙脂虫のことである。カイガラムシともいう。植物と共生するカイガラムシは世界には一万種いるといわれ、とくに運動機能を失った雌は、一部の雄とともに植物に寄生して、樹脂あるいは蛋白質性の分泌物で身体をおおう。そのカイガラムシの分泌物は赤色の色素を含んでおり、それを採集して染料や薬物としてきた。

なかでもよく知られているのが、東洋においては紫鉱と記されている「ラックカイガラムシ」である。オオバマメノキ（マメ科）やアコウ（クワ科）、ライチ（ムクロジ科）、イヌナツメ（クロウメモドキ科）などの樹に寄生し、インド、ブータン、ネパール、チベット、ミャンマー、ベトナム、タイ、中国南部あたりで採集されてきた。

この紫鉱は中国でも古くから知られていたようで、唐代に編纂された『新修本草』にも記され、日本にも、おそくとも奈良時代には伝わっていた。正倉院には、木の枝に固結したカイガラムシの実物が伝えられている。それらは医薬品としても、また染料としても用いられた。さらにその色素を採ったあとは樹脂状の塗料、つまり天然のラッカーとして使用されていたようである。

紫鉱によって染められたであろう工芸品が、同じく正倉院にのこっている。「紅牙撥鏤尺《こうげばちるのしゃく》」「紅牙撥鏤撥《こうげばちるのばち》」といわれるもので、象牙を研磨して、臙脂虫と思われる染料で赤く染めている。ところが象牙は、絹の糸や布のように芯まで染料が浸透せずに、表面のわずかな層だけに浸透する。それに文様を彫刻していくと、白く浮きあがるようになる。一部には緑色の顔料が色挿しされている。尺とは物差しのことであるが、実用のものとは思われない美麗な装飾がなされていて、これも今日まで美しい彩りをのこしている。

この象牙は「紅」とあるから、紅花で染めたものという説や、茜で染めたという説もあるが、工房での三種類の試し染の結果から、私は紫鉱で染めたと考えていいように思っている。

近世になると、紅花と混同されるようになって、臙脂虫、あるいは臙脂綿《えんじわた》と名づけられた。この色彩がまた近世以後の日本人の眼を楽しませてくれることになるのである。

「蘇芳」という植物は、インド南部、マレー半島、インドネシアなど、熱帯から亜熱帯地方に生育するマメ科の樹木で、その幹の芯材に赤色の色素が含まれている。

その原産地ではもちろんのこと、中国や日本でも染料として用いられてきた。また、蘇芳には薬効もあり、下痢や嘔吐をおさえるといわれている。しかしながら、紅花とはちがって、蘇芳は、気温の低い日本ではどうしても生育する条件が整わず、いつの時代でも輸入して使っていたのである。

正倉院のなかに「黒柿蘇芳染金銀絵如意箱《くろがきすおうぞめきんぎんえのにょいばこ》」というものが収蔵されている。これは黒柿の木でつくった箱を蘇芳で赤く染めて紫檀《したん》の木に似せたもので、さらにそのうえに金銀で唐花木文様を描くという装飾性の高い箱である。

正倉院にはこのほかに数点、同じようなものがのこっている。また、蘇芳染の和紙もあったことが、『正倉院文書』に記録されているし、薬物としてもその断片が伝えられているので、日本では、奈良時代にすでに相当量の蘇芳が輸入され、用いられていたことがわかる。

さらに蘇芳の鮮やかな赤色は高貴な人々の眼を魅了したため、平安時代になっても需要は衰えなかったようである。

『源氏物語』の今様色

『延喜式』にも、蘇芳を使った染色法が記されている。たとえば「深蘇芳」は、「深蘇芳綾一疋。蘇芳大一斤。酢八合。灰三斗。薪一百廾斤」とあり、また「中蘇芳」「深蘇芳」「浅蘇芳」と色の濃淡についても言及している。

また、蘇芳染は『源氏物語』にもその記述がいくつかみられ、「絵合《えあわせ》」の帖には、「紫檀の箱に蘇芳の花足《けそく》」という記述がある。花足というのは、装飾性のある足のついた台（小机）のことで、これも正倉院の黒柿の箱と同様に、蘇芳で赤く染められていたことがわかる。一部の注釈者は蘇芳の木で造った花足とするが、蘇芳の材は家具には向かない。

平安期の女人たちの「襲《かさね》」の衣裳にも、蘇芳の色は好まれていたようである。

それは、「若菜下《わかな》」の帖の女楽《おんながく》の場面にみられる。光源氏は正月に六条院で女性ばかりの演奏会を催し、源氏ゆかりの女性たちが、琴《きん》、和琴《わごん》、箏《そう》、琵琶《びわ》などを合奏するという優雅な宴で、女君たちの美しい姿を垣間みて、それぞれを花にたとえる。

最愛の紫の上はつぎのようにあらわされる。

「紫の上は、葡萄染《えびぞめ》にやあらむ、色濃き小袿《こうちき》、薄《うす》蘇芳の細長《ほそなが》に、御髪《ぐし》のたまれるほど、こちたくゆるらかに、大きさなどよきほどに、様体《ようだい》あらまほしく、あたりにほひ満ちたるここちして、花といはば桜にたとへても、なほものよりすぐれたるけはひことにものしたまふ」

「葡萄染」というのは、山葡萄《やまぶどう》のような濃い赤紫色をいい、これは紫根《しこん》染の紫だけで少し赤味にしたものか、少し茜か蘇芳をかけあわせて、やや赤味をあらわしている。紫の上は、濃い紫の小袿の上に薄い蘇芳色の細長を着ているようだ。細長というのは、文字通り細長い袿《うちかけ》で、表着《うわぎ》代わりにも用いられた。その姿は、桜にたとえてもなおもの足りないほど、格別の風情があるとほめたたえている。

女君たちのそばに仕える童女たちのなかには、蘇芳襲（表は蘇芳、裏は濃蘇芳）の汗衫《かざみ》を着ているという描写もある。

ここまでいくつか引用してきたように、平安朝の文学は色の描写にことのほかすぐれ、それはとりわけ『源氏物語』に顕著にみられる。それで私もくり返し読んで、仕事に生かしているのである。

「紅葉賀《もみじのが》」の帖では、散り交う紅葉のなかで青海波《せいがいは》を舞う光源氏に「紅葉色」を想い、「末摘花《すえつむはな》」の帖では、女の赤い鼻と紅花をかけて歌を詠む光源氏に苦笑しつつ「紅色」を想う。「少女《おとめ》」では秋好中宮《あきこのむのちゆうぐう》に届けものをする童女の衣裳を、「赤朽葉《あかくちば》」の羅《うすもの》の汗衫と描くなど、まさに『源氏物語』は日本人の愛した色の宝庫なのである。

そして『源氏物語』のなかで色彩表現の白眉ともいえる描写が「玉鬘《たまかずら》」の帖にある「衣配《きぬくば》り」の場面である。

年の暮れ、光源氏は自分のまわりにいる女性や姫たちに新年の晴れ着を贈る。それらを最愛の

人である紫の上と、
「ここかしこの擣殿《うちどの》より参らせたる擣物《うちもの》ども御覧じくらべて、濃き赤きなど、さまざまを選《え》らせたまひつつ……」
と、その姫君の容姿に似合うように思慮しているのである。擣殿とは絹を砧《きぬた》で打って光沢を出すところ。また濃き赤きの「濃き」は紫の濃い色をいう。
そうして、まず、紫の上には、
「紅梅《こうばい》のいと紋《もん》浮きたる葡萄《えび》染《ぞめ》の御小袿《こうちき》、今様色《いまよういろ》のいとすぐれたる」（紅梅の文様がはっきりと織られた葡萄染色〈赤紫の濃い色〉の小袿と、やはり濃くすぐれた紅色の袿）
自分の娘である明石の姫君には、
「桜の細長に、つややかなる掻練《かいねり》取り添へて」（桜襲の表着とやや淡い紅色の袿）
花散里には、
「浅縹《あさはなだ》の海賦《かいふ》の織物、織りざまなまめきたれど、にほひやかならぬに、いと濃き掻練具《ぐ》して」（海辺の風物を文様化して、優美だが派手でない淡い縹色〈青〉の小袿とやはり紫に近く濃い青紫の光沢のある袿を添えて）
玉鬘には、
「曇りなく赤きに、山吹の花の細長」（鮮やかな赤い袿と山吹襲の表着）
末摘花には、
「柳の織物の、よしある唐草《からくさ》を乱れ織れる」（柳色の風情ある蔓草文様を散らした織物）
明石の君には、

「梅の折枝《おりえだ》、蝶、鳥、飛びちがひ、唐《から》めいたる白き小袿に、濃きがつややかなる重ねて」（梅の折枝に蝶や鳥が集まって飛んでいる文様を白い小袿にあらわし、それに濃紫の衣を重ねて）

そして、尼僧になった空蟬《うつせみ》には、

「青鈍《あをにび》の織物、いと心ばせあるを見つけたまうて、御料にある梔子《くちなし》の御衣、聴《ゆる》し色なる添へたまひて」（気の利いた青味がかった鈍色の織物と光源氏自身の衣裳から梔子色の袿、さらに淡い紅色のものを添えて）

と、それぞれに合った衣裳を選んでいるのである。この場面の描写こそ、平安期の色彩表現の極致であるといえよう。

ここで、この衣配りの色名を抜き出してみよう。

紅梅、葡萄染、今様色、桜、掻練、浅縹、濃き掻練、赤、山吹、柳、白き、濃き、青鈍、梔子、聴し色、と、浅縹、柳、白き、濃き、青鈍以外は、じつに鮮麗な赤系の色あいである。

なお、今様色という色名がみられるが、これは文字通り、今、流行の色という意味である。室町時代に書かれた有職故実の書『胡曹抄《こそうしょう》』には「今様色トハ紅梅ノ濃ヲ云也」とあり、別の書には「紅のうすき、ゆるし色をいへり《くみ》」とあって、色相が分かれる。

しかし、私はいずれの説にも与しない。というのは、いま『源氏物語』の衣配りの場面を引いたように、光源氏は、もっとも大切に思っている紫の上に今様色の衣を贈っている。それは身分の低い人にやっと許される薄紅色の一斤染《いっこんぞめ》（聴《ゆる》し色）ではないはずで、禁色《きんじき》に入るほどの濃い赤の色でなければならないからである。

さらに『胡曹抄』で今様色は紅梅色の濃いものというが、紫式部は文中で二つの色を明確に書き分けており、今様色はふつうの紅色よりやや強い、梔子などの黄味が入らない紅花染の濃い色であり、別の色系統として桜色、桃染色《ももぞめ》、紅梅色と少しずつ紅が強くなってくる色名があると私は考えている。

いま述べたように、「今様」という平安期の流行の色は、紅花で染められた鮮やかな色であった。

ところが、朝廷はそのような贅沢をしないようたびたび禁令を出している。色彩文化研究家前田千寸《ゆきちか》氏の『日本色彩文化史』（岩波書店）では、その様子をつぎのように記している（要約）。九一四年（延喜十四）に紅花大一斤で絹一匹を染めるような火色（深紅色）は禁ずると発令したが、その効果はなかった。文章博士《もんじょうはかせ》三善清行《みよしのきよゆき》は具体的に、紅花染に要する費用と稲作の収量とを比較して贅沢をいましめている。だが、藤原氏が権力を増して天皇家との結びつきを強くしていく時代になり、藤原基経《ふじわらのもとつね》が関白太政大臣に昇任し、摂関政治がおこなわれると、そうした禁令とはうらはらに、貴人たちの衣裳はますます華美になっていった。

このことは、望月の欠けることのないと自負する藤原道長《みちなが》、頼通《よりみち》父子の藤原氏全盛期になると、さらに強まっていったのである。その例として、一〇二七年（万寿四）の賀茂祭に、頼通は、奢侈の禁令が出ているにもかかわらず、その取締りをしている検非違使《けびいし》たちに対して、東宮の使である藤原良頼《よしより》の従僕には、そうした華美の禁令による追及をしてはならないという命を出したというのである。

従者の二十人は紅擣袙《あこめ》を着ていて、他とは比べものにならないような、華奢《かしゃ》なる美の集団であったと藤原実資《さねすけ》の日記に記されている。

ここにおいて赤を畏怖した人間は、完全にその色を世俗の権勢の色として身に纏ったのである。

曼荼羅の色彩世界

六世紀半ばに百済よりもたらされた仏教によって、日本の色彩世界が大きく変容したことは前に述べた。平安時代に入ると、それまでの南都六宗に加えて、八〇五年（延暦二十四）に最澄が唐より帰国して天台宗を、翌年、空海が同じく真言宗を伝える。

教学を受容したのち空海が、経論、法具とともにもち帰った「曼荼羅《まんだら》」に、また新しい色彩世界の萌芽があった。

曼荼羅は、悟りを得ることの本質を絵によって表現したもので、京都の東寺が収蔵する金剛界、胎蔵界の「両界曼荼羅」（九世紀、国宝）をみると、赤朱、金、白、緑、青の各色が色彩の洪水のように全面極彩色となって、みる者に迫ってくる。

このような豊かな色彩にあふれる曼荼羅は、寺院内外の造形、装飾に強い影響を与えた。

東寺の講堂にみる立体曼荼羅、そして赤い炎に包まれて忿怒の表情をみせる不動明王をはじめとする五大明王像なども色彩を強調したものである。

平安時代中期から鎌倉時代前期のもので、現在、国宝に指定されている仏画、たとえば「普賢菩薩像」「阿弥陀聖衆来迎図」「仏涅槃図」「孔雀明王像」などをみても、その豊富な色彩には驚くばかりだ。

さらにこの時代に描かれた大和絵の巻物にも、従来使われていた水銀朱や鉄分の赤味が強い弁柄という顔料に加えて、本来は染色に用いる素材、臙脂虫の赤、紅花から精製した赤、さらには蘇芳から得る赤色の絵具などが使われているようである。

ということは、空海がもたらした色彩の粋である曼荼羅の極彩色が、平安時代の仏画師たちに従来の朱や弁柄だけでなく、新しい彩色素材をつくりだす工夫を促したのではないかと考えられる。

二、武家と庶民社会における「赤」の発展

武具と緋色

『平家物語』で語られる宇治川の合戦のなかで、佐々木高綱《たかつな》が先陣を切り、梶原景季《かげすえ》が追い、つづいて畠山重忠《はたけやましげただ》が五百騎をつれて敵の待ちかまえる対岸にあがる場面に「そののち畠山、乗替《のりがえ》に乗りてうちあぐる。魚綾《ぎょりょう》の直垂《ひたたれ》に緋縅《ひおどし》の鎧《よろい》着て、連銭葦毛《れんぜんあしげ》なる馬に黄覆輪《きぶくりん》の鞍《くら》置いて乗つたる敵《かたき》の……」という描写がある。

源頼朝の忠臣であった畠山重忠の合戦装束は、「魚綾の直垂に緋縅の鎧」とある。魚綾とは、後述する鈍い緑系の麴塵《きくじん》色のことで、その上に「緋」つまり茜《あかね》染の緋縅の鎧を着ているのである。

その、畠山重忠が奉納したといわれる「赤糸威鎧兜《あかいとおどしよろいかぶと》」（国宝）が東京都青梅市の武蔵御嶽《むさしみたけ》神社に伝えられている。幅の広い黒漆塗の平札《ひらねさ》を、茜染の緋色の絹糸で縅した華麗な武具で、茜染の彩りが鮮やかに際立つものである。

高位の武将も高級な貴族と同様いくつもの装束をもっていた。武蔵御嶽神社のそれが、宇治川の合戦時の記述のものとは断定できないが、平安時代末期から表舞台に登場してくる武家たちは、強靭な鎧兜、具足を調えて合戦に臨んだと知れる。しかも高位の武将らの武具には華やかな緋色が使われていて、そのことは十三世紀後半に制作されたと考えられる「前九年合戦絵巻」や「平治物語絵巻」の軍馬に乗る武者たちの姿をみれば納得できよう。軍馬の飾りものの赤色をはじめ

として、まさに絵巻の画面中に緋色が躍動しているかのようである。

以前も自著に書いたことだが、「赤糸威鎧兜」の兜袖部分の赤糸は、一九〇三年（明治三十六）に化学染料で修理されている。ただ、平安時代後期の茜染も一部のこっていて、双方の色をくらべると、前者は色が褪せているのに、後者はまだ十分に鮮やかな緋色をみせているのだ。明治期の未成熟な化学染の技術を考慮しても、やはり古法の優秀さを私たちに伝えている。

時代は下るが、この「赤糸威鎧兜」を徳川八代将軍吉宗は江戸城へ運ばせて、染師らを招き、茜染を復活すべく、実際にみてその技法を研究させたという話ものこっている。

禅宗の美意識

源平の合戦ののち、源頼朝によって樹立された武家政権は、しだいにそれまでの公家文化とは異なった様相をみせはじめる。それは中国の宋や元から数多くの文物が渡来してきたことによるが、とりわけ武家文化に強い影響をおよぼしたのは禅宗の移入であった。

いま鎌倉の材木座海岸にいくと、干潮時に海岸から沖に向かって細長い岩石群が姿をみせる。これは一二三二年（貞永元）に造られた築港跡の「和賀江島《わがえじま》」である。遠浅のこの海岸は座礁の危険があったため、当時の執権北条泰時《やすとき》が築かせたものだ。

これにより、宋からの渡来品が流入し、陶磁器、絵画などの美術工芸品と同時に仏典や仏画も渡ってきて、とくに「頂相《ちんぞう》」という禅宗の高僧を写実的に描いた肖像画が貴重なものとされた。

禅宗は、二度にわたっての入宋後、一一九一年（建久二）に帰朝した栄西《えいさい》が臨済宗を、一二二七年（嘉禄三）にやはり宋から戻った道元《どうげん》が曹洞宗を広め、深く自己を見つめ開悟にいたるという禅の教義は武家の信仰を集めた。

鎌倉では寿福寺、建長寺が建てられ、京都では建仁寺、東福寺が、越前には永平寺が建立された。さらに武家だけでなく、天皇や公卿らも禅宗に帰依していった。

各階層に教説を広げた禅宗は建築、絵画、工芸に影響を与え、その後の日本人の美意識を変革した、といわれる。それは枯山水の庭、水墨画、書蹟などにあらわされた華美な色彩をできるかぎり排除しようとする「黒白《こくびゃく》の美」、すなわち「侘び寂び」の美意識である。この侘び寂びが今日まで深く私たち日本人の美に対する感性を、世界でも独特なものにしている。

禅によって日本人は白黒、もしくは、艶消《つやけ》しの渋い色を愛するようになったという。これが、いちおうの通説であるが、そこで話は禅僧の肖像画である「頂相」に戻る。

禅宗において、師の法統を継ぐ証として嗣法《しほう》に頂相が与えられる。また開祖をはじめ代々の師の頂相を法堂に掲げ拝礼する。この頂相は生前の姿をきわめて忠実に写すことが、「法は人なり」という禅家では求められる。

これらの頂相は、「墨染の衣をまとい」という禅僧のイメージとはあきらかに違って、京都大徳寺の開山である宗峰妙超《しゅうほうみょうちょう》の頂相は、木蘭《もくらん》色か香染《こうぞめ》の絹地に金箔を散らした僧衣で、紅花染と思われる赤地に金糸を織りこんだ金襴《きんらん》の袈裟を着用しており、また、天龍寺の開山であり、西芳寺（苔寺）の苔庭を作庭した夢窓疎石《むそうそせき》の頂相も紫と朱の衣で、厳しい修行を求められる禅の世界とは、まったく対照的な豊かな色彩の世界である。

燦然と輝く金閣寺（臨済宗北山《ほくざん》鹿苑寺）の「金閣」も、銀閣寺（臨済宗東山《とうざん》慈照寺）の「東山御物」も唐物の華麗な色彩で、水墨画や禅僧の書の表装には、華やかな赤や紫、紺地の金襴が用いられたりと、鮮烈な色は禅の世界にもあった。と同時に、密教美術や神道美術の色彩も、その時代に豊かに存在していたことを忘れてはならない。

根来塗の鮮やかさ

鎌倉時代には、先の院政の時代からあった絵巻物を制作する動きが活発になって、その題材もいっそう多彩になってくる。

貴族の暮らしをみる物語絵巻、和歌絵巻、武家の活躍を知る戦記もの、著名な神社や寺院の縁起絵巻、そして庶民の生活が垣間みられる説話、怪奇ものなど、登場人物も背景も豊富である。これら絵巻も時代の色彩を知るうえで、まことに重要な情報を与えてくれる。

平安時代後期に描かれたといわれる「餓鬼草紙」には狩衣《かりぎぬ》姿の貴族が琵琶をひき、かたわらに遊女をはべらせた宴席の場面がある。その前に置かれた高坏《たかつき》には、須恵器の小皿が五つ、六つ置かれて、肴《さかな》がもりつけられている。

私は、この朱塗りの高坏の赤に眼をうばわれる。その塗り物は、いわゆる根来塗《ねごろぬり》である。

こうした朱漆の高坏や椀などの食器類は、平安時代より貴族の大饗や、寺院、神社の祭礼のおりに使われていた。素木《もとぎ》を高坏、盤、椀、飯器などの形に轆轤《ろくろ》でひいたり、削ったりして、黒漆で下塗りしたあと、朱、弁柄の顔料を漆にまぜて、塗り重ねている。その鮮やかな赤と、黒地との対比が見事で、鎌倉時代から室町時代におおいに普及していった。

この根来塗の名は和歌山県岩出市の根来寺に由来する。もともと一一三〇年(大治五)に僧覚鑁《かくばん》によって高野山に創建された大伝法院および密厳院が、金剛峰寺との対立によって一二八八年

（正応元）に根来の地に移って成ったのが同寺で、室町時代にもっとも隆盛をみる。寺の内外で使用される仏具や仏器、また生活用品も厖大な数が必要となり、その製作がはやい段階から周囲の工房ではじめられた。

この朱と弁柄を漆にまぜて木製の椀や坏、膳などに塗って赤く彩色するという技術は、日本では縄文の昔からおこなわれていた。そうした技術は脈々と受け継がれていき、それらの器は神や仏に捧げる道具として、さらには一般の人々にまで飲食の道具として広く普及していったと考えられている。おそらく奈良時代の大寺院の近くに工房が設けられ、寺からの需要に応えていったのが職人のはじまりであろう。

やがて平安、そして鎌倉、室町へと時代がすすむにつれて仏教が広まり、宗派も増えて寺院を囲む人々も増加の一途をたどるわけである。

根来寺は、隆盛を極めた室町時代には、坊舎二千七百棟という大伽藍となっていた。僧侶、僧兵、寺で働く人々、参拝者を数えると、ひとつの大都市が周囲に形成されていたといってもいい。その一角には、人々が用いる仏具や食器を製造する漆工房がかなりの規模であって全国的にも知られていたのであろう。

ところが、近世に至って根来寺は、豊臣秀吉の攻撃にあう。工房の職人たちは逃げまどい、そして全国の漆工房へと散っていったのである。

彼らの技が、移り住んだそれぞれの地で技の向上につながったのか、朱と黒の漆器は根来寺の名を冠して、いつしか「根来塗」と称されるようになったのであった。

赤と黒が対比した根来塗が使われている場面を、現存する絵巻でみると、庶民一般まではいえないが、寺院や武家の家で日常的に、しかもかなり大量に使われているように思える。宴席の食卓に高坏や瓶子《へいし》、湯桶、盆などの強烈な赤色が、かなりの数使われていたことは、日本の中世から近世への色彩観として特筆すべきではないかと、私は考えている。

それは、また東大寺で毎年おこなわれる修二会《しゅにえ》（お水取り）において、今日もなおみることができる。「食堂《じきどう》作法」で根来塗の食器と膳による作法が今ものこっているのである。その使用が、修二会がはじめられた天平時代からつづくのか、平安や鎌倉あたりからなのか断定はできない。ただ、近世になって中国、朝鮮半島より伝来した陶磁器が発展して、日本における食器素材が一変するまでは、根来塗の膳や高坏、椀や皿、または須恵器が日常的に用いられていたわけである。

桃山時代と猩々緋

室町幕府の終焉をもたらした応仁・文明の乱が終わって、京都に復興の兆しがみえはじめたのが、十六世紀の初頭のころである。一五〇〇年（明応九）には祇園祭が再興された。それは町方の商工業者たちが勢いを取り戻した証でもあった。新しい京都の誕生である。

その復興なった都へ、地方において力をつけはじめた戦国武将たちは軍馬をすすめようとしていた。それはすなわち天下統一を果たすことを意味した。尾張・美濃を治めていた織田信長は一五六八年（永禄十一）、足利義昭を奉じて上洛する。

覇権を争う彼ら戦国武将たちも「赤」をこよなく愛した日本人であった。

南蛮屏風と称するものが今日までかなり多くのこされている。十六世紀の中頃より、ポルトガル、スペインの帆船が大航海時代を迎えて、インド、東南アジア、そして中国、日本へと舳先を向ける。マルコ・ポーロがかつて「黄金の国ジパング」と記した日本は、彼らの欲望を満たすのに十分な金銀資源を保持していたのである。

南蛮屛風には、港に着いたばかりの南蛮人、あるいは京の都を闊歩する南蛮人が描かれている。その服装の彩りで眼につくのは、なんといっても赤である。金の糸で刺繡された真紅のラシャ、それは「猩々緋《しょうじょうひ》」といわれたウール地の鮮烈な赤であったし、またビロードはやや青味がかった赤で、これらはケルメスと呼ばれる虫（カイガラムシ）から採られた染料で染められていた。

猩々緋の赤は、江戸時代のはじめ、ポルトガルの宣教師によって編まれた『日葡辞書』に、「Xǒjǒfi　シャウジャウヒ」とあり、この色名はかなり知られていたと思われる。ケルメスはケルメスガシというブナ科の樹木に寄生する臙脂虫のことで、ペルシャより西の、おもに地中海の沿岸で古くから染料に使用されていたものである。

信長をはじめ、権力の中枢をめざす戦国武将たちは、よほどこの鮮烈な赤色に魅せられたのであろう。求めた布を陣羽織に仕立て、戦場でひときわ目立つように、斬新な意匠を競ったようである。いまも、上杉謙信あるいは小早川秀秋所用と伝えられるものがのこされており、その鮮やかな赤の色と文様に、派手で奇抜なことに慣れた現代人も感嘆するばかりである。

日本の近世の色は、南蛮人のもたらした赤ではじまったといっても過言ではない。

豊臣秀吉はのちにキリスト教信仰を禁じて、切支丹《キリシタン》の追放を命ずるが、はるか遠い異国からやってくるさまざまな物産には、信長などと同じように異様な執着をみせた。

京都東山山麓に建つ高台寺には、秀吉が着用していたといわれるペルシャ絨毯を切って仕立てた陣羽織が伝えられている。サファビー朝（一五〇一～一七三六）の絹の綴織《つづれおり》の絨毯で、鳥獣文様があらわされている。絨毯を切って服にした男は、世界広しといえども秀吉ただ一人であろう。

一五七七年（天正五）に来日したイエズス会の司祭、ジョアン・ロドリーゲスが書いた一文に、「太閤様が名護屋から都に向かって出発する時には、名護屋にいる人びとは市と政庁をあげてポルトガルの衣裳をまとって彼に謁見しました。そしてそういう服装で都入りをしたのでした」とある。

さらに、それを裏づけるような話もある。大坂城の秀吉の部屋へ招き入れられた南蛮人宣教師の眼に映ったのは、ヨーロッパ製のマントが十着も二十着もロープにかけられている驚くべき光景だったというのである（フロイス『イエズス会日本年報』）。

祇園祭とシャム更紗

いっぽう商業と流通の発達によってしだいに富を得た京の町衆も、やはり赤に魅せられていった。

その町衆らは祇園祭の担い手であり、山鉾の守り手でもある。祇園祭は八坂神社の祭礼であるが、市中を巡行する山鉾は各町内に所有され、たがいに競うように装飾に趣向を凝らすのである。織田信長が狩野永徳《かのうえいとく》に描かせて、一五七四年（天正二）に越後にいた上杉謙信に贈ったといわれる「洛中洛外図屏風」に祇園祭の山鉾巡行のさまがつぶさに描かれている。

なかでも興味深いのが「鶏鉾《にわとりぼこ》」の後ろにかけられた三枚の絨毯で、そのうち中央のものは、サファビー朝ペルシャもしくはムガール帝国期のインドで織られたと考えられる。真赤なそれは、中央にメダリオンという文様を置き、四角の縁取りの隅にもメダリオンを四分割した文様を配した表地とみられる。さらに、その下に描かれた岩戸山鉾の見送《みおくり》（山鉾を飾る織物）にも花園を思わせる真赤な絨毯のようなものがかけられていて、これも右のものと同系と考えられる。

現在、祇園祭には三十二の山と鉾があるが、それぞれの山鉾には、桃山時代から江戸時代の装飾品が数多く伝えられている。

毎年七月十七日、祇園祭の熱気が最高潮に達する山鉾巡行が、長刀鉾《なぎなたぼこ》を先頭に開始される。「動く染織美術館」の開幕である。

山鉾の周囲を飾る前懸、胴懸、見送の懸装品は、いずれも各山鉾町の美の意匠の結晶といえよう。月鉾の前懸はインド・ムガール様式の代表的文様である円形のメダリオンと四辺には花葉文様の赤を基調とした緞通《だんつう》がかけられていて、この赤にはインド周辺で採れたラック（臙脂虫）が使われている。

インドやビルマあたりで採集されたラックの原材料が中国の蘇州で精製され、木綿綿にしみこませて、「臙脂《えんじ》綿《わた》」という名で日本へ運ばれてきたのである。主に日本画の色に使われていたのだが、のちに記す友禅染《ゆうぜんぞめ》にも応用されるようになったため、長崎港での臙脂綿の輸入量はいっそう増大したと記録されている。

秀吉につづいて政権の座についた家康は、朱印船貿易を促進、拡大した。これによって、トンキン、カンボジア、シャムなどへ渡航する大名、そして豪商と呼ばれる商人も多くなっていった。大名では薩摩の島津家久、平戸の松浦鎮信《しげのぶ》ら、商人では長崎の末次平蔵《すえつぐへいぞう》、摂津の末吉孫左衛門《すえよしまござえもん》、京都には角倉了以《すみのくらりょうい》、茶屋四郎次郎《ちゃやしろうじろう》らがいた。

ここでだれよりも注目されるのは、茶屋四郎次郎である。家康は茶屋家にも朱印状を与え、海外貿易を促した。初代四郎次郎清延の次男清次（三代）は後継者として活躍し、幕府御用達の呉服商であることを利用して東南アジアへ自らおもむいた。

それは、タイのアユタヤ王朝がビルマとの長い戦いを終えて再興を果したころで、海外貿易もさかんであり、アユタヤにはポルトガル、オランダ、イギリス、中国などから多くの人々が集まって繁栄していた。日本からも山田長政の名に絡んで知られるように、日本人町が形成されていたのである。

ここに、インドのコロマンデル海岸で特別につくられたシャム向けの更紗が運ばれる。文様はシャム王国が進んで取り入れた上座部仏教の影響を受けたものを中心に、草花や獅子などの象徴的な動物が、きわめて細い白線で囲われて、精緻にあらわされていた。

更紗はインドでつくられ、世界各地に大量に輸出されたものであるが、シャムに向けてつくられたものは、仏手《ほとけで》といわれる。その特別な文様を表現する技は繊細で、制作するうえでもたいへんな手間がかかったものと考えられる。

寛永年間（一六二四〜四四）の鎖国以前の貿易記録である『異国渡海航路の積荷』などによれば、このいわゆる「シャム更紗」が、朱印船でアユタヤへ行った人たちによって日本へもたらされた痕跡を知ることができる。

一六二一年（元和七）に、徳川秀忠のもとへシャムのソンタム王から使節がきて、王からの贈りものを届けている。その中身は、「長剣、短剣、硯、鉄砲、木綿十反」と記されていて、この木綿十反がシャム更紗であろうと思われる。

呉服商をかねた茶屋四郎次郎が東南アジア貿易に熱心であったことから、シャム向けにつくられたインド製の更紗が行く先を変えて日本へ数多くもたらされていたと考えられ、そのシャム更紗が京都の呉服商や堀川の周辺に立ち並ぶ染屋たちによく知られるようになっていった。

一六四五年（正保二）に刊行された『毛吹草《けふきぐさ》』に、京都の名産として「シャムロ染」の記載が見られ、もうすでに、京都においてシャム更紗を模した染物が生産されていたことがうかがえるのである。

伊達者と呉服商

江戸幕府は、富を得た町人たちがしだいに美しく華やかな衣裳を身につけていくことに危惧の念を抱き、禁令を出すようになった。一六八三年（天和三）には、衣服に関する具体的な御触れを出している。

金紗、縫、惣鹿の子
右の品、向後女之衣類に禁制之

金紗、豪華な刺繡、惣鹿の子絞りなどは、女性の衣裳に用いてはならない。加えて珍しい織物や染物を新たに出すことは一切禁止する。小袖の表一反について二百目より高価なものを売ったり買ったりしてはならない、という禁令である。そして外国から羅紗《らしゃ》などの織物を輸入することも禁止している。

このような背景には、新興商人が我がもの顔にふるまう世相を映した事件が起きたこともひとつの要因としてあったろう。

一六八〇年（延宝八）に五代将軍となった綱吉が、上野の寛永寺に祀られる徳川代々の墓に参拝したときのこと。その帰りに街を歩いていると、えもいわれぬいい香りが漂ってきた。その方に赴いてみると、金の簾をかけ、金屏風で囲ったなかに女性が派手な姿で立っており、周りの者に伽羅《きやら》の香を薫《た》かせ、金の扇子であおがせていたのである。

調べてみるとそれは浅草の石川六兵衛の妻とのことであった。六兵衛はよく知られた金持ちで、十二分に贅を尽くした豪奢な屋敷をもち、そこに幕府の役人や大名を招待しては豪遊していた大富豪であった。

その妻女も夫に負けず劣らず贅沢な女であった。そのころ流行の言葉でいうと「伊達者」ということになる。「伊達」とは人目につくような派手な装いや振る舞いをすることで、天和から元禄にかけては、富をほしいままにする新興商人が華美な遊興に興じるなか、自慢のきものをきて競い合う「伊達競《くら》べ」というものがおこなわれた。この妻女はそれが何をおいても好きだったようで、江戸では相手がないと、わざわざ京に出向いたという逸話の持ち主であった。

その妻が聞香《もんこう》して遊び呆けるありさまを眼にした綱吉は、贅沢きわまりない所業に激憤して、六兵衛を追放し、家屋敷、財産を没収したのであった。

この事件からさかのぼること八年前、伊勢松坂から出てきた三井高利は、長兄の店で修業したのち、江戸本町一丁目に店舗を開いて一般に小売をはじめた。京都の室町に仕入店を設けて、京都において制作されたきものや帯を江戸へと運んで売りさばいたのである。その商法は、大名貸しなどで苦しむ古い商法ではなく、販売は「現金掛け値なし」を貫き通して、一日百五十両もの売りあげをあげ、日本一の商人となっていった。

高利の試みは、江戸をはじめとして、町人にも富が広まり、武家や公家階級の華やかな生活に倣《なら》って自らも美しく装いたいとの願いが芽生えていたことを理解したうえでなされたのであった。

幕府の禁令に触れるような絢爛豪華なものではないが、小金を貯えた町人の心をゆさぶるような、洒落ていて、しかもどこか華やかさをみせる衣裳の開発、これが元禄時代前後の呉服を制作する側に望まれていることであった。

尾形光琳の生家である雁金屋のような、将軍、公家からの注文を受けてきものを制作する高級な呉服商は衰退し、むしろある程度安価に、そして量産もきくようなきものの出現が待たれていたのである。

友禅染の誕生

京都の東山三十六峰のひとつ華頂山の麓には、浄土宗総本山知恩院の大伽藍がそびえていて、その雄大な姿は都人の眼を引いていた。

知恩院は、鎌倉時代に法然《ほうねん》上人が比叡山における天台の修行から離れて、専修《せんじゅ》念仏の教えを説き浄土宗を開始し、東山吉水《よしみず》（大谷）の地に草庵を結んだことにはじまっている。弟子の創建後は、火災や大乱に見舞われて、荒廃と再興をくりかえしてきたが、江戸時代に入って徳川家康が生母伝通院を知恩院で弔ったことにより、寺域を拡張する。さらには一六〇七年（慶長十二）、後陽成天皇の第八皇子直輔親王が宮門跡となり、朝廷、公家、武家と多方面からの援助を受けて多くの参拝者を集めるようになった。

知恩院に詣でるには、鴨川の東岸、大和大路から新橋、新門前、古門前と三本の道筋がある。その南に位置する八坂祇園社にも参拝人が多かったので、江戸時代はこの祇園あたりはいつも賑わっていた。これはあくまでも通説であるが、そのなかの一軒に扇屋があり、宮崎友禅斎《みやざきゆうぜんさい》という絵師が扇に絵を描いて売っていた。

友禅斎はもともと日本画の絵描きであったが、扇絵を少しでも量産しようとして、染色に使っている米糊を使って意匠をあらわそうと考えたのである。

たとえば花や鳥の文様をあらわすのに、下絵の輪郭線を青花《あおばな》で描き、糊を紙筒に入れてその線上に置く。その線に囲まれた空白を顔料や染料を使ってそれぞれに彩色し、華麗な絵文様を表現するという方法である。

それが「友禅染」の誕生につながる。それはいままでになかったまったく新しい技法で、元禄ころに出現したという。ところが友禅斎の生涯については、いちおう一六五四年（承応三）に生まれ、一七三七年（元文二）に没したとされているが定かではない。その人となりを記した史料もほとんどといっていいほどなく、多くの謎を秘めているのである。

友禅斎の生まれた土地もはっきりとせず、京都か金沢、あるいは能登ともいわれている。いずれにしても画家を志していたことは確かなようだが、狩野派、土佐派といったいわゆる将軍や公家に仕える名門の工房へ入って修業したという足跡はみられない。

京都には室町時代あたりから、絵屋という職業があった。権力者に頼まれて描く高級な絵描きではなく、いわば町人や京都見物にやってきた旅人に扇子に絵を描いて売る商売があったのである。彼らはやがて扇だけでなく、貝合わせの貝に描いたり、書を書く料紙《りょうし》にあらかじめ金銀泥の下絵を描くなどを職業とするようになった。さらに領域が広がって染織品、蒔絵、焼物などの図案も手がけるようになっていく。ちなみに江戸初期に活躍した俵屋宗達もこうした絵屋の出身である。

インド更紗から得た着想

友禅斎はこのような絵屋のひとりで、もっぱら扇に絵を描いては、知恩院の門前や祇園を行き交う人々に売っていたようである。知恩院や八坂神社などには参拝客がたえず、四条河原あたりは元禄の大衆が豊かな世を楽しんで、殷賑《いんしん》を極めていたのである。友禅斎がつくる扇は、そのような大衆のもとめに応えるべく、量産できる技を開発する必要性があったのであろう。

前に記したように、その当時、京都にはインドの更紗がシャムなど東南アジアの地を経て運ばれ、氾濫していた。将軍への献上品としてもてはやされたし、長崎に出向いた目利きが買いつけをして、大名、茶人、そして町の富豪へと売りさばかれることもあって、人気を得ていた。

それを裏づけるようなことが京の町なかにいまも伝えられている。祇園祭の南観音山《みなみかんのんやま》は、新町通錦小路上ル百足屋町にある。ここは徳川家の御用商人である茶屋家の屋敷があったところで、かなりの豪商が軒を連ねていた豊かな山鉾町であった。そのうちの一軒の袋屋庄兵衛の妻が、一六八四年（貞享元）にインド更紗を山鉾の装飾品として寄贈している。

そしてもうひとつが、「誰が袖屛風」である。

江戸時代、自らが所蔵する帯やきものの類を、蒔絵などを施した高価な衣桁《いこう》にかけて部屋に飾り、さながら屏風を立て回したかのようにしつらえて客にみせるということがしばしばおこなわれていた。誰が袖屏風というのは、そのような様子を金地に描いたものである。寛文時代の作品とされるMOA美術館所蔵のものには、インド更紗で仕立てられたきものが描かれている。

一六六七年（寛文七）の『御ひいなかた』（小袖の図案集）には、すでに太夫染、伊達染、茶屋染、ゆかた染、更紗染、しもふり染、こんや染などが記されている。

絵屋である友禅斎はこの時代、おそらく染織品の下絵も描いていたであろうから、四条堀川あたりの染職人とも交流はあったと思われる。インドあるいはシャムから渡来した更紗を数多くみていたのではないか。とくにシャムを経て日本へ渡来したインド更紗の細い線と、茜で染められた赤い色は、友禅斎の眼を刺激し、技を染職人から学んだのであろう。米からつくった糊が染料をはじいて布に浸透させないことは知っていたにちがいない。

楊子にその糊をつけて花を描いてみる。そこに赤色を挿すと美しい花文様ができあがる。自分は糊を置く輪郭の線描きだけをほどこせば、色挿しはほかの弟子や職人に任せられる。筒に糊を入れて絞りだしながら描けば、もっとすばやくできるであろうと考えた。色挿しには、それまでの日本画の材料で、赤色は臙脂や朱、弁柄、黄色は雌黄《しおう》、藍色は群青、藍蝋《あいろう》などと、それまで研《みが》いてきた技が発揮できるのである。

やがて友禅斎が発明したこの技は、華やかな色彩と画面構成の目新しさとがあいまって、町人たちの洒落心をゆさぶり、当時流行の小袖、振袖に取り入れられるようになる。一六八七年（貞享四）に刊行された『源氏ひながた』には「扇のみか小袖にもはやる友禅染」としるされている。

紅屋の繁盛

こうした江戸時代の町方衆たちが富を得て、美麗な小袖、振袖の類を着用するようになっていくと、自ずから髪型や化粧もそれにともなって華やかになっていくのは必然であった。化粧では、いま風にいえばマニキュアにあたる爪紅もあったが、もっとも目立つものは、やはり口紅、頬紅であろう。

紅花は染料としても使われてきたが、化粧の原料としての需要も多かった。『延喜式』には産地としてまず伊賀が特筆され、さらに尾張、駿河、常陸など広い範囲で栽培されていたことがわかる。ただ、仙台、山形など東北地方は、江戸中期以降にその生産がのびていったようである。

一六九二年（元禄五）版の『諸国買物調方記』には、紅花は「伊賀、相模、出羽最上、出羽、薩摩」という順になっている。ところが、一七一二年（正徳二）に刊行された『和漢三才図会』には、「羽州最上及山形の産良とす。伊賀、筑後これに次ぐ。予州の今治及摂播の産又これに次ぐ」とある。

紅花の需要の高まりとあいまって、東北は山形地方の最上川周辺が、紅花の新しい産地となり、それまでの伊賀、相模国をしのいで第一等の量を誇るようになった。

最上川を下って酒田の港へ行き、そこから北前船によって京大坂へと運ぶ新たな輸送手段の発達も、そうした作付けの増加につながった。

近世までは、一般の庶民が口紅を使って粧うということはなかったが、江戸の中ころより都市を中心に、化粧品を商う「紅屋」が出店するようになった。

紅花は盛夏に咲く。その花を摘んで乾燥させておくのだが、紅をつくったり染色したりするのは冬の寒さのなかでおこなうのが、色が冴えて好ましい。「丑紅」「寒紅」という言葉があって、江戸時代には寒中の丑の日に売り出される紅が最高級といわれた。

「寒の紅瀬戸物屋ほど御さい持ち」という川柳が詠まれた。「御さい（御宰）」とは、御殿女中の使い走りをする男達のことだが、その日に紅を塗った陶製の猪口《ちよく》をたくさん持ち帰る様子が、瀬戸物屋のようにみえたというのである。

口紅はときにつれて濃く塗るようになり、「笹色紅」と称するものが流行した。紅花の泥を塗りかさねた磁器の皿から唇に引くわけであるが、光のあたり具合で、金にみえたり、緑色にみえたりすることがあって「笹色」と称されたという。

それも文化年間（一八〇四～一八）になると、紅を濃くみせるのには量が多く必要なため、まず最初に下地として墨を塗り、その上へ紅をさしたという。笹色紅も時代によって変遷していたのである。

そして幕末になると、濃い色をよしとせず、淡く塗るのがよいと『女重宝記』に記されている。

これらの話は、江戸時代の川柳風俗に詳しい渡辺信一郎氏の著書に拠っている。

紅花による染色も江戸時代には、より高まりをみせた。華麗な小袖、振袖を着用していて、その下襲《したがさね》の襦袢、あるいは湯文字という女性の下着は、紅花染がほとんどであった。

江戸の文化・文政期以後の小紋に茶や黒の地味な色彩が流行しても、歩くときに着物の裾から、歩の進み具合によって、裏がのぞくことを意識し、派手な色彩と、ときには絞りや型染のような文様を配して、目立つようにしたのである。「裏勝り《うらまさ》」という言葉どおりである。

加えて、紅花で染めた紅絹《もみ》は、肌にふれると血行がよくなり、保湿性にも富むという効果があったのである。

そうした紅花染の流行は、いっぽうで「似せ物」を生むことになっていった。

井原西鶴の『日本永代蔵』の巻四には、「桔梗や」という染物屋の夫婦が紅花染に似せて染めることを思いついたという話がある。

「明暮《あけくれ》工夫を仕出し、蘇枋木の下染、其上を酢にてむしかへし、本紅《ほんもみ》の色にかはらぬ事を思ひ付」

とある。それで十年もたたない間に大富豪になった、と物語はいう。

私のような植物染屋からみれば、蘇芳という染材も、インドや東南アジアからの輸入品であるから高価であるわけで、似せ紅花染がすぐに儲かるものとも思えないが、確かに紅花染の手間と時間を考えると、納得がいかないこともない。

第二章　高貴な色となった紫

一、中国・日本の紫と貝紫

希少な色と染材

自然界を眺めて、紫の色をみることは稀《まれ》であるといっていいだろう。

雪の白、山の緑、空の青、太陽の赤、土の黄、そのなかにあって紫系の色は、わずかに植物の花色にみられるだけで、それは、杜若《かきつばた》、菖蒲、藤、菫、紫苑《しおん》、桔梗などにあらわれる。

紫は印象的な色であるが、どうも普段の生活にはなじみのない色といえよう。現代人の洋装にも紫は溶けこみにくいし、たとえお洒落な女性でも紫色のファッションを上手に着こなすのは難しい。ましてや男性が紫色を身に纏《まと》うのは、かなり勇気のいることである。

紫は光の具合によって、色調を変える妖しさをもっている。と同時に、その色相が不安定で、赤か青のどちらかに傾きやすい。そのようなことからか、国旗に紫の色を用いている国はないようである。

さらに紫色を使うことには、どこか「憚《はばか》り」がある。色に対する遠慮の気持ちは紫だけのものだろう。それは紫が「やんごとない」人たちの色であるという思いが私たちにのこっていて、十六弁の菊花紋とまではいわないが、差し障りのある色相と感じているのだ。それに年配者には、「教育勅語」を包んでいた紫の布が思い出されよう。

化学染料が発明されるまで、紫色をあらわすには、中国や日本では紫草《むらさきぐさ》の根を用い、ヨーロッパなどでは貝の内臓の液によっていた。いずれも希少な染材であった。希少なものは権力者に集まる。金にしてもダイヤモンドにしてもしかりである。

そんな権勢に愛された高貴な紫の色を語るについて、まず古代中国の五行思想《ごぎようしそう》から話をはじめたい。

五行思想と色

五行思想はのちに陰陽思想と一体になり、「陰陽五行説」という春秋戦国時代（紀元前七七〇～前二二一）中国の世界観となっていった。そこではまず、万物は陰と陽の二極に分けられ、夜と昼、寒と熱、北と南、月と太陽、冬と夏、さらには女と男を対極ととらえる二元論の考えをもっていた。

そのなかで、五行は自然・社会を、

「木、火、土、金（鉱物・金属）、水」

の五つの要素によって解釈する。前漢時代には、さまざまなものがこの五行にあてられるほど全盛したといわれる。

五行説にも陽と陰の関係があって、

「木から火を生み、火から土を生み、土から金を生み、金から水を生み、水から木を生む」

という相生《そうしょう》（陽の関係）と、

「木は土に勝《（剋）》ち、土は水に勝ち、水は火に勝ち、火は金に勝ち、金は木に勝つ」

という相剋（陰の関係）とがあった。いずれも五行の循環によって万物を説明するのである。

この五行説を基本として、左のように、色彩、方位、時季、あるいは人体の臓器、儒教の道徳などが、それぞれになぞらえられてきたのである。

五行	木	火	土	金	水
五色	青	赤	黄	白	黒
五方	東	南	中央	西	北
五時	春	夏	土用	秋	冬
五臓	肝	心	脾	肺	腎
五常	仁	礼	信	義	智

五行を色彩で見れば、木は青であり、火は赤であり、土は黄色である。これは色の三原色であり、この三色を適当な割合で組みあわせていけば、どのような色相も表現できる。

紀元前の前漢の時代に、こうした色相に対する概念があったということは、とりもなおさず多彩な色をあらわす技術がすでに完成していたことを物語っている。

したがって、五色があれば、万物の彩りを表現できると考えられる。「五彩（色）に輝く」という表現があるが、これは、五つの色というよりも、すべての色があると解すべきで、それはこの五行思想からきている。

しかし、この五行思想に「紫」の色はあてられていない。高貴な色とされる「紫」はまだあらわれていないのだ。

周末から秦や漢時代の、礼についての解説・理論を記した『礼記《らいき》』には「周人は赤を尊ぶ」とあり、赤が高位の色であることがわかる。また中国古代の伝説上の帝王は「黄帝《こうてい》」とよばれ、黄が尊ばれた。黄帝は、三皇五帝とよばれた為政者の第一位におかれていた。黄帝は、乱を鎮めて天下を統一すると、衣服、舟と車、家屋、弓矢などの生活に役立つ用具を考案するとともに、文字を発明し、暦を制定した。また、薬草の効用を説いて医学を発展させた偉大なる帝王であったと伝えられる。中国において発展した絹糸、つまり養蚕の技術の発見も、この黄帝の妃、あるいは帝の娘によるものとされる。

確かに「木火土金水」の五行のなかでも「土」は黄色であり、中央に位置するものであるから、それが最高位の色とされたのも納得がいく。

そのように歴史の流れをみていくと、古代中国における色の順位は、はじめ「黄」が最上位とされ、のちに「赤」となっていったと考えられるのである。

「紫の朱を奪うを悪む」

漢代に集大成した『論語』の「陽貨篇」に、

「子曰、悪紫之奪朱也、悪鄭声之乱雅楽也、悪利口之覆邦家者」

とある。

これは、紫色が正色《せいしょく》の朱より流行したり、みだらな鄭の国の歌が宮廷の音楽よりもてはやされたり、口達者な者が国を覆したりするのが悪《にく》い、と正統なものが邪悪なものに凌駕される世の中を皮肉ったものである。

ということは、青と赤の中間色でかつてはその色相の曖昧さが嫌われていた「紫」が、それほどまでに支配層の人心を捉えていたことの証左といえる。

陰陽五行説とともに古代中国には、「神仙説」(神仙思想)が流布していた。この思想は人間界とは別に「神仙(僊)界」があり、そこに昇天する(僊《うつ》る)と仙人になり不老長寿を得るというもので、またその神仙界には不死の妙薬があるとされ、有名なところでは、秦の始皇帝が徐福に命じて東の海の三神山に不死の薬を捜させたとの話がのこる。その徐福は日本に渡って、のちに定住したとも伝えられる。

このような神仙境には紫雲がたなびくといわれ、この紫色のめでたい雲は、徳の高い天子が在位するときにあらわれ、またのちの仏教においても、念仏行者が臨終するさいには阿弥陀仏が紫雲に乗って来迎するといわれた。

『晋書《しんじょ》』によると古代中国(六朝《りくちょう》のころか)では、北極星(紫微星《しびせい》)やその周りにある星座を紫《し》微垣《びえん》とよび、その天界は天帝の宮殿と考えられていた。

このことからも推し量れるように、しだいに「紫」の地位は高まっていったのであろう。

いま辞典を開けば、「紫」には、

「紫閣《しかく》」「紫宮《しきゅう》」「紫極《しきょく》」「紫禁《しきん》」「紫宸《ししん》」「紫台《しだい》」「紫闥《したつ》」「紫庭《してい》」

といずれも天子の居所、皇居を意味する言葉がみられる。

また、漢の時代は、国家的な事業として、絹の生産が奨励され、繊細で美麗な文様をあらわす錦の織物技術が発展していった時代でもある。絹の美しさが西域の遊牧系の国々でも礼賛され、万人のあこがれとなってその交易が「絲綢之路《シルクロード》」のさきがけとなった。

日本でも尊ばれる「紫」

このように紫の色を尊ぶことは、中国では漢の時代のあとも続いたと考えられ、それは日本へも強い影響を及ぼすようになる。

五九三年に推古天皇の摂政となった聖徳太子は、隋の制度をとり入れて、国の政治をおこなおうとした。そのなかで六〇三年に制定された「冠位十二階」の制は、その後の日本の色彩文化を考えるうえで、重要な位置を占めている。

それまでは、支配階級である諸豪族が「氏《うじ》」と呼ばれる血縁集団をつくり、地位や職業に応じて「姓《かばね》」という尊称を与えられ、世襲してきた。聖徳太子はその体制を改め、個人の功績による冠位を決めたのがこの制度である。左に位階と色の関係を示す。

大徳	＝	濃紫
小徳	＝	淡紫
大仁	＝	濃青
小仁	＝	淡青
大礼	＝	濃赤
小礼	＝	淡赤
大信	＝	濃黄
小信	＝	淡黄
大義	＝	白
小義	＝	白
大智	＝	濃黒
小智	＝	淡黒

これを五九ページに記した中国の五行思想に照らしてみるとわかりやすい。位階の冠《かんむり》の色は、五行思想の基本色、青、赤、黄、白、黒の上に紫をおいて「徳」としており、紫が最上位の色として位置づけられたことが理解できる。

冠位制は、推古朝以後も、孝徳（冠位十三階、十九階）、天智（冠位二十六階）などによって改定されるが、若干の色の変化はあっても紫の色がほぼ上位におかれていた。服装もそれに準じており、また夫人たちもそれに倣《なら》うとされ、高貴な人は紫の服を多く着用していたと考えられる。

奈良時代になると、聖武天皇が七四三年に「盧舎那仏造立の詔」を発して、その国家的事業がはじまった（当初は紫香楽の地に計画）。

七五二年の大仏開眼供養にあたっては、さまざまな装飾品がつくられ、聖武上皇没後、光明皇太后によって東大寺に献納された。それらはいまも正倉院に収蔵され、私たちは奈良時代の色彩を目のあたりにすることができるのである。

その宝物のなかに、紫に染められた優品がいくつものこされている。代表的なもののひとつに、「金光明最勝王経帙《こんこうみょうさいしょうおうきょうのちつ》」がある。

経帙《きょうちつ》とは、写経した経典を十巻ほどまとめて束ねるように包むもので、細くけずった竹を芯として絹糸で編むようにしてつくられる。

絹糸は、紫草の根によって紫に染められている。またその経帙には別の色の糸も入っていて、色の変化で唐草と迦陵頻伽《かりょうびんが》という想像上の鳥をかたどった文様があしらわれている。

この紫色を主とした経帙で包む経典は、「紫紙金字金光明最勝王経《ししこんじこんこうみょうさいしょうおうきょう》」とよばれ、同じく紫根で染めた紫の和紙のうえに金泥で文字があらわされた豪華なものである。これらは聖武天皇が全国各地に国分寺を建立して塔を建て、そこへ国家安泰を願って安置したお経である。

さらに紫地の錦もいくつかみることができる。なかでも「紫地鳳形錦御軾《むらさきじおおとりがたにしきのおんしょく》」は、私たちを魅了する逸品である。軾とは脇息のことで、この軾は紫の地に黄と緑で唐草文をあらわし、中央に鳳凰一羽が飛翔する姿を織りあげた豪華な錦でできている。

この遺品は聖武天皇愛用と伝わり、光明皇太后が奉納した品が記された献物帳に「一枚紫地鳳形錦」とあって、由緒のあるものである。

このように、奈良時代において天皇をとりまく品々にはきわめて鮮やかな紫の色があふれていた。

手間のかかる紫染

平安時代になっても紫を尊ぶ思想は引き継がれていった。『延喜式』のなかには、「濃紫《こきむらさき》（深紫）」の染め方などがつぎのようにしるされている。

「深紫綾一疋。綿紬。糸紬。東絁亦同。紫草卅斤。酢二升。灰二石。薪三百六十斤。帛一疋。紫草卅斤。酢一升。灰一石八斗。薪三百斤。羅一疋。紫草卅斤。酢一升。灰二石。薪三百斤。……」

ここに紫草の名がひんぱんに出てくる。

紫草は五月から六月にかけて白い小さな花を咲かせ、外からみても紫色を感じさせるものはまったくない。しかし、根に濃い赤紫色をたたえており、それを染材とするのである。ただ紫草の繁殖力はどちらかといえば弱いほうで、現在では数が少なくなり、貴重な植物といえる。

つまり、紫が高貴な色と尊ばれるのは、その染材となる植物そのものが希少であることに加え、実際に染めるのにたいへん手間のかかる色でもあるからだ。

もちろん、私の工房でも紫を紫草の根から染めており、『延喜式』の記述を参考にしておこなっている。

ここで簡単に植物染料について説明しておこう。植物染料には大きく分けて「単色性染料」と「多色性染料」とがある。

単色性染料（直接染料）とは、色素を抽出した液に布や糸を浸ければそのまま染液の色に染められるものをいう。

多色性染料は、色素が繊維に定着するのに仲介するものを必要とし、それを媒染剤《ばいせんざい》と呼ぶ。媒染剤の種類によって複数の色相に染めることができる。染色においては、染料と同じようにこの媒染剤の役割が大切となる。

紫の色を出すための媒染剤には、椿の灰を使う。

椿の生木を燃やして白い灰をつくり、その灰を樽に入れて、熱湯を注いで二晩ほど放置しておく。すると、灰の成分が溶けだしてくる。この灰の成分は、アルミニウム塩である。

私の工房に届けられる紫根は乾燥させてあるので、まず五十度くらいのお湯に十分ほど浸けて柔らかくする。それを石臼で搗《つ》く。そして砕かれた紫根を麻の袋に入れてお湯のなかでよく揉んで、紫の色素を搾りだすのである。ある程度色素が溶出したところでさらに二回、紫根を臼で搗く最初の工程からくりかえす。この三回の抽出液をあわせたものが染液になる。

その染液のなかに糸や布を浸ければ色が染まるかといえば、そうではない。

すでに記したように、色を出すために媒染剤が必要となる。何回も染液のなかで紫を染め、そして椿灰の液で同じ時間をかけて糸や布を繰る。このように何度も工程を重ねれば濃い紫になるし、途中で止めれば薄い紫、つまり、半分の色と書く半色《はしたいろ》になる。

紫の色を定着させるために椿の灰を用いることは、化学的な知識などない古代からおこなわれていた。『万葉集』に収録されている（巻十二 問答歌）、

紫《むらさき》は　灰《はい》さすものぞ　海石榴市《つばいち》の　八十《やそ》の衢《ちまた》に　逢へる子や誰《た》れ

という歌は、まさにそのことを踏まえて詠んだものなのである。

現在の奈良県桜井市あたりの海石榴市という市《いち》の名前と椿をかけて詠んだ歌であるが、この歌のように、紫に染めるには「灰をさす」、すなわち椿の灰が必要であることはよく知られていたのであろう。これ以外にも、いくつかの文献に「紫染めは椿灰にて」という記述をみることができる。

『源氏物語』の紫づくし

奈良、そして平安期にも紫が尊ばれたという証拠は『源氏物語』を読み解くことによって得ることができる。

光源氏を主人公とする五十四帖からなる長大な物語を読みすすめると、この物語があたかも「紫づくし」とでもいうように、紫にちなむ事柄がふんだんにあらわれてくるのである。

まず、作者の名前が紫式部である。

そして光源氏の母親は「桐壺《きりつぼ》の更衣《こうい》」とよばれ、父親の帝は彼女を愛したために桐壺帝と呼ばれる。桐の花は、五月ころに紫の花をつける。

ある春の日、光源氏は病の加持のため北山へいく（「若紫《わかむらさき》」の帖）。そこで美しい少女と出会い、自分のもとに引き取って育てる。その少女はやがて「紫の上」と呼ばれる光源氏最愛の女性となる。

さらにもうひとり、光源氏が熱い思いを寄せる女人がいる。母である桐壺の更衣亡きあと、父・桐壺帝のもとに入内する「藤壺の宮」である。藤はやはり紫の花を咲かせる。

また、衣裳では、桔梗の襲《かさね》、藤の襲、葡萄《えび》色、二藍《ふたあい》などという、紫系のものが随所に登場する。当時の女性たちは、十二単《じゅうにひとえ》に代表されるように、多様な色をかさねて着ていた。その取りあわせた色の趣を「襲の色目」という。その色目の名は、紅梅の襲、桜の襲、撫子の襲、女郎花《おみなえし》の襲、松の襲など植物になぞらえて表現したが、『源氏物語』では紫にちなむものが群を抜いて多い。紫という色に対する平安朝の人々の強いあこがれが伝わってくるようである。

また、前にも書いたように『源氏物語』には、「濃き」とあればその下には「紫」が、「淡き」「薄き」の場合も同じく「紫」が省略されている。これは、平安時代になると、紫を尊ぶ思想が奈良時代以上に浸透していったためであろうと私は考えている。

紫式部と並び称せられる清少納言は、『枕草子』のなか（第八十八段）で、「花も絲《いと》も紙《かみ》もすべて、なにもなにも、紫なるものは、めでたくこそあれ」とし、「なまめかしきもの」として、

「紫の紙を、包み文にて、房ながき藤につけたる」（第八十九段）とあらわしている。

フェニキアと帝王紫

さて、ここで中国、日本以外の紫についても記しておきたい。

古代オリエントにおいて建国されたアケメネス朝ペルシャは、ダリウス一世（在位前五二二～前四八六）のときに西はギリシャ、エジプトから、東はインダス川近くにいたるまで版図を広げ宏大な大帝国を樹立した。

ダリウス一世は、王の道と呼ばれる大動脈を通して、東西交流のきっかけをつくった人物である。

そのはるか以前、地中海の東、現在のイスラエルからレバノンあたりにかけて、フェニキアと呼ばれる地があり、シドン（現在のサイダ）、ティルス（同ティール）という湾岸都市を中心に栄えていた。

フェニキアの人々はとりわけ航海術にたけ、地中海を縦横に動き回っていたという。

彼らは紀元前十五世紀ころより都市国家を樹立し、航海術を駆使して、地中海から遠くジブラルタル海峡まで往来した。やがてエジプト、キプロス島、シシリー島、スペインのマラガ、アフリカ北岸のモロッコやチュニジア（カルタゴ）など、地中海の主要な港湾に植民都市を建設していった。

現在のアルファベットは、フェニキア人が発明したフェニキア文字にまでさかのぼることができるといわれ、また彼らは木材、ガラス、銀製品などの特産品を有するすぐれた人々であった。

フェニキア人は染色についても先進的で、ティルス、シドンという海に近い都市で、貝から採った内臓の液で紫色に染めるという技術を完成させた。

その発明は、紀元前十六世紀ころのことといわれている。用いられるのはアクキガイ科の貝で、その内臓のパープル腺から黄色い分泌物を取りだす。この分泌物は本来、近寄ってくる敵を麻痺させるためのものである。

この液を海水で薄めて布や糸に擦りつけて染めると、はじめのうちは黄色に近い緑色を呈しているが、太陽の光に当たると、やがて緋紫《ひむらさき》に変わっていく。まことに不思議な染色法なのである。しかも一グラムの染料を得るのに約二千個の貝を必要とする、たいへん貴重なものであった。ただ単に染料が貴重で、染色技術が難しいだけでなく、その貝で染められた緋紫（貝紫）は人々の眼を魅了する妖艶な色彩であることから、とりわけ珍重され、やがて王族だけがその色の着用を許されて「帝王紫《ていおうむらさき》」と呼ばれるようになったのである。

この帝王紫は、フェニキアが海洋都市国家として繁栄するにしたがって数々のすぐれた文明と同様、地中海の各地に伝えられ、重要な輸出品ともなっていったのである。

そのフェニキアはアケメネス朝期以前、すでに政治的独立性を失ってはいたが、海上交易都市として繁栄を続けた。

ダリウス一世が築いた王の道はシルクロードへとつながり、文明の交流をいっそううながすことになるのである。

地中海の皇帝たちが愛した、貝で染めた紫。紫は高貴な人の色という思想が、やがて中国にもたらされたのか、その真偽は不明であるが、中国でも、そのころより紫が尊ばれるようになったことは、まぎれもない事実なのである。

紫のゆかり

「紫のゆかり」という言葉が、平安時代からよくみられ、『源氏物語』の「末摘花《すえつむはな》」の帖にも、「かの紫のゆかり尋ねとりたまひて、そのうつくしみに心入りたまひて」とある。つまり、「紫のゆかり」とは紫の上を指し、藤壺の血縁を意味している。このような、ある縁故から情愛をほかに及ぼすことを「紫のゆかり」といい、その原典は『源氏物語』に多大な影響を与えた『伊勢物語』にあって、話はつぎのようなものである（第四十一段）。

むかし、あるふたりの姉妹がいた。姉は身分が高く裕福な男性と結婚し、妹は身分が低く貧しい男といっしょになった。

ある年の大晦日、妹は新春の拝賀に着てゆく夫の袍《ほう》（礼服）を慣れない手つきで洗い張りしているうちに破ってしまった。貧しいため替えがあるわけもなく、妹は途方に暮れて、泣いてしまう。そのことを耳にした姉の夫は、立派な袍を届けさせる。

そのとき、袍とともに義弟へ、

むらさきの　色こき時は　めもはるに　野なる草木ぞ　わかれざりける

という歌を添えたのである。

紫草は、ひときわ鮮やかな染料になるが、色素は根にあるので生えているときはほかの野草と区別がつかないもの。妻の縁者のあなたのことがとても人ごとではない、という気持ちを託したのであろう。それを「紫のゆかり」といっているのである。

また、この段の最後に「武蔵野の心なるべし」と後世の人の注がある。それは、『古今和歌集』に収められた（巻十七　雑歌上）右の歌の前の、

紫の　一本《ひともと》ゆゑに　武蔵野《むさしの》の　草はみながら　あはれとぞ見る

という歌によっている。一本の紫草があるだけで、武蔵野の草すべてがいとおしくみえるのであろう。武蔵野には、かつてたくさんの紫草が茂っていたそうで、平安の昔から紫といえば武蔵野、と想起されていた。

こうした王朝人と紫草、あるいは紫の色彩への想いに関しては、古くから文芸評論においても、あるいは色の歴史を語るなかでも多く論じられてきた。

前にも紹介した『日本色彩文化史』の著者前田千寸《ゆきちか》氏は、その著書で文学研究と、氏自らが実際になされていた染色の仕事との両面から論考を展開され、多くの識者の典拠になっている。私も常に参考にさせてもらっている。

とりわけ氏の論文のなかの、平安時代の「色彩と内容」という章で、「紫のゆかり」という言葉について書かれた部分は、見事な分析がなされている。

先の藤壺と紫の上の、叔母と姪という関係についても、「若紫」の帖を引き、きわめて明快な

考察をおこなっている。それを頼りに、私なりの説明を加えてみたい。

ある春の日、瘧《おこり》（マラリア）にかかって北山へ加持に行った光源氏は、そこで美しい少女と出会う。その少女は光源氏が恋をしている藤壺に生き写しとも思える容貌で、のちに彼女が藤壺の姪にあたることがわかる。

ふたたびその少女を訪ねて光源氏が詠んだ歌は、

手に摘みて　いつしかも見む　紫の　根にかよひける　野辺の若草

である。自らの手で摘んで、早くわがものとしたいものだ、あの藤壺（紫）にゆかりのある野辺の若草であるから、と藤壺との縁と、麗しく容貌の似た少女に心を寄せている。

やがて光源氏は自邸の二条院に少女を引きとって、手習いや絵などを教える日々をすごす。

そんなある日、光源氏は、紫の紙に、「武蔵野といへばかこたれぬ（恨み言をいいたくなる）」と書き、

ねは見ねど　あはれとぞ思ふ　武蔵野の　露分けわぶる　草のゆかりを

と詠んだ。まだいっしょに寝ていないが（ねは見ねど）、藤壺（武蔵野の紫草のゆかり）がいとおしくてならないという意味である。

それに対する返歌を光源氏が、若紫がはずかしがるのを無理に見ると、

かこつべき　ゆゑを知らねば　おぼつかな　いかなる草の　ゆかりなるらむ

とあった。つまり、恨み言をいわれてもその理由はわかりません。私はどんな草のゆかりなのですか、と。

こうした『源氏物語』の記述は、先の『古今和歌集』の歌や、『伊勢物語』のなかの武蔵野の紫がもとになっている。

紫草といえば、根に色素があって、すべての人々の関心が、そこに集まるわけだが、その根がなぜ縁を引くのかということが『日本色彩文化史』では探究される。

なかには、紫の根は強い色素をもっているがゆえに、周囲の土まで染まって紫になるという説もある。こうした論は一見興味深く感じられるかもしれないが、前述の前田氏も、またこの私も、紫草の栽培の地を幾度も訪ねて、根を掘りあげるさいにみているが、土まで染まっているなどということはない。

ただ、前田氏が指摘しているように、掘りあげた根を、紙の上などに干しておくと、その紙に色が移行する強い揮発性をもっていることはたしかである。紫に濃く染めた布や糸を和紙などにはさんでおくと、色が移っていることはたびたび経験している。

色が移るということに加えて、紫草は生育していくときに、根を左右に張り、多くの細根を出して、しかも長々と延びていく。さらに隣の草の根と絡みあうように育っているのを、私は何度

もみたことがある。

こういう紫草の生態を見て、『古今和歌集』にある「紫の一本ゆゑに」の歌を私流に解釈すると、つぎのようになる。

紫草の花は白く可憐なもので、いつも気品をたたえている。その草の根は表からはみえないが、広く強く張って、武蔵野に生えている。地中では、さまざまな草樹の根に絡んでいる。だから紫草は人の縁を深く感じさせるのだ、ということになろう。

「二藍」のバリエーション
平安時代の貴人らの紫に対する想いは、もうひとつの色彩を生み出した。

それは、「二藍《ふたあい》」という。

「二藍」と書くので、二種類の藍とか、藍を二、三度かけて濃くしたものなどと思われるかもしれないが、これは、藍と紅花をかけた色なのである。

なぜ紅花が藍と呼称されるのかといえば、藍はもっとも広く親しまれた代表的な染料だったため、その名が染料の総称として用いられたからである。紅花の染料が日本へ入ってきたときには、呉の国から渡来した染料なので、呉藍《くれあい》と呼ばれたのである。やがてそれが「くれない」へと転訛する。このことは第一章で述べた。

紫根染や貝紫染は、いずれも、その素材単独で紫色をあらわすことができた。ところが紫は赤と青の混色なので、紅花の赤と蓼藍《たであい》の青をかさねても紫になるわけである（西洋では茜と藍をかけあわせる）。

この蓼藍（青）と呉藍（紅花、赤）という二種類の藍（染料）をかさねてあらわす色は、いつのころか「二藍」と呼ばれるようになった。

かさねあわせるとき、赤を濃くして青を薄くすると、赤味の紫になり、逆に青を濃くして赤を薄くすれば青味の紫になる。すなわち、二藍は色の特定ができない。色のバリエーションが無限にあることになる。

たとえば、赤、青ともに五種類ずつの色相をかけあわせるとすると、二十五色の二藍ができる。このような微妙な色あいの違いを王朝人は楽しんでいた。

二藍は華やかな色調なので、女性の色と思われがちだが、平安時代には、貴人の男性の普段着である直衣《のうし》の夏用は、この二藍か薄藍だった。

「唐《から》の羅《うすもの》の二藍の御直衣、二藍の織物の指貫《さしぬき》」「二藍の指貫・直衣」などと、『枕草子』にも公家の男性の衣服が描写されている。

また、『源氏物語』では、ようやく雲居雁《くもいのかり》との仲を許されて、藤の花の宴に招かれていく息子夕霧へ、光源氏が衣裳について助言する。

非参議《ひさんぎ》のときや、若いときであれば二藍の直衣もよいが、もう参議となったのだから大人っぽくするように、と縹《はなだ》色の勝ったものを贈る場面がある。直衣は、若いほど赤味に、年齢をかさねるほど青みがかった縹がちになっていったようである。

二、武家、高僧から町人へ

武家の紫好み

前項を少し補っておくと、もちろん紫の色は装束にだけ用いられたのではない。

西本願寺の所蔵となる『三十六人家集』の古写本は、そのほとんどが平安時代の書写といわれている。そのなかの「順集《したごう》」は、料紙に鮮やかな紫の染紙が、濃い部分、淡い部分と暈繝《うんげん》（グラデーション）であらわされ、ほかの青や黄、茶と緑の染紙にみごとに継ぎ紙されて最上級の流麗な品として伝わっている。

――九郎義経は赤地《あかじ》の錦《にしき》の直垂《ひたたれ》に紫裾濃《むらさきすそご》の鎧着て、黄金《こがね》づくりの太刀《たち》を帯《は》き、切斑《きりふ》の矢負ひ、塗籠籐《ぬりごめどう》の弓の鳥打を、紙の広さ一寸ばかりに切つて、左巻きにぞ巻いたりける。これぞ今日の大将軍のしるしとは見えたりける。

『平家物語』のなかで、後白河法皇の六条殿に源義経が駆けつける場面の描写である。

また、平清盛の子重衡《しげひら》が一ノ谷の戦で敗走する場面も、

――褐《かち》に白糸《しらいと》にて群千鳥《むらちどり》ぬうたる直垂《ひたたれ》に、紫裾濃の鎧着て、……

と、やはり紫を身に纏っている。

紫裾濃というのは、上の部分を白くして下にいくほど紫が濃くなっている染色である。

義経、重衡とも源平の主家の子である。ちなみに他に登場する武将の装束は、たとえば、熊谷《くまがい》直実《なおざね》が、「褐の直垂に黒糸縅の鎧」、直実に斬られる若い平敦盛は「練貫《ねりぬき》に鶴《つる》ぬうたる直垂に、萌黄匂の鎧着て」とあって、紫ではない。

『平家』の語り手は、その色の意味するところをきちんとわきまえていたと思う。時代はすすむが、紫を尊ぶ風潮は、ひきつづき武家の世になっても変わることはなかった。

紫色の顕著な武士の装いは、豊臣秀吉の所用と伝えられる「白地桐矢襖《やぶすま》文様辻が花染胴服《どうぶく》」にみることができる。

現在は京都国立博物館に所蔵されるこの胴服は、辻が花というたいへん高度な絞染《しぼりぞめ》で染められたもので、肩、胴、裾と、それぞれに文様づけされ、肩の部分には赤紫の地に五七《ごしち》の桐の紋が染め抜かれている。

また、胴部には白地に紫、緑、黄、藍の桐文様が置かれ、裾には鮮やかな緑の矢襖が配されている。秀吉はこの胴服を着て臣下の前に出て、深く印象的な紫の色を誇りながら権勢を示したにちがいない。

ちなみにこの胴服は一五九〇年（天正十八）、南部藩の南部信直が小田原攻めをおこなっている秀吉に参陣し臣従したため、その労をねぎらって秀吉みずからが着ていたものを脱ぎ与えたといわれ、長く南部藩に伝えられてきた。

さらに興味深いのは、この南部藩があった岩手県でも、中世からすでに紫草が生産されるようになっていたことである。岩手県と秋田県の県境あたりは火山灰土壌で、ずいぶんと良質の紫草が栽培され、江戸時代には、紫草で染めた布が特産品となっていった。

紫の彩りを着用して自らの権勢を誇るという支配者の思考は、豊臣秀吉のあと政権をになった徳川家康にも受け継がれていったようで、家康が着用した羽織、胴服のなかにも紫がひときわ光彩を放つ品が徳川家に伝えられている。

なかでも名古屋の徳川美術館所蔵の「紫地《むらさきじ》葵《あおい》紋付《もんつき》葵《あおい》の葉文《はもん》辻ケ花染羽織《はおり》」は、紫草の根をたっぷりと使って染めあげた濃紫地のうえに、徳川家の家紋としての葵と、おおぶりな葵葉がおおらかに配されて、まことに大胆かつ華やかなものである。

家康着用の紫地のものはまだ二、三点あるが、これが紫の色を語るうえで秀逸な一品である。

イエズス会の司祭、ジョアン・ロドリーゲスは、秀吉、家康の治世下の日本を広くみて、『日本教会史』を著した。そして次のように書く。

「日本人は偉大な職人であって、いろいろな描き方をした花《ローザ》の間に金糸を縫い込む。彼らは緋色を使うことにすぐれており、さらに赤紫色を使うことでひときわすぐれている」（傍点筆者）

高僧の法衣

僧侶が着る袈裟は、古くインドでは黄色のくすんだ色（カシャーヤ、壊色《えじき》）を用いていた。これは、白が俗界の色とされていたためである。このカシャーヤの名が音写されて僧侶の衣、袈裟という言葉になった。

はじめは、布の大きさによって五条袈裟（下衣）、七条袈裟（上衣）、九条ないし二十五条袈裟（大衣）の三衣《さんね》であったが、インドから中国、日本という寒冷の地に仏教が伝わると、袈裟の下に衣服を着るようになった。そのため、仏僧が左肩から右の腋にかけて覆うものを袈裟、その下の服を法衣《ほうえ》とよんだ。

袈裟の梵語（サンスクリット語）カシャーヤは不正色《ふしょうじき》を指すため、原色は避けて、捨てられたさまざまな色の布をつなぎ合わせてつくられたが、やがて変化していく。

伝わる話によると中国の唐代、高宗の皇后であり、のちに自ら即位して国号を周と改めた則天武后は、仏教を深く信仰して、高僧に「紫」の衣を下賜したという。こうしたことを引きついだのであろう、日本においても法会や儀式のときに最上位の僧らは紫衣《しえ》や緋衣を着用するようになった。宗派によって異なるが、紫、緋、青、黄、緑などの色衣《しきえ》が階級をあらわすようになったのである。

また、天皇や上皇から高僧に紫衣を賜ることもしばしばおこなわれることになる。

『日本史広辞典』（山川出版社）によると、日本で最初に紫袈裟が下賜されたのは七三五年（天平七）、聖武天皇によって入唐僧で興福寺に住した玄昉《げんぼう》に、紫法衣は、鳥羽上皇から一一四一年（永治元）、青蓮院行玄《ぎょうげん》に与えられたという。

それは、天台宗や真言宗の大寺などに皇族が出家したことも影響しているとみるべきだ。

曹洞宗を開いた道元に後嵯峨上皇は紫衣を下賜しようとしたが、道元は再三にわたって辞退する。しかし勅命となれば固辞することは許されず拝受するも、一生その紫衣を着ることはなかったという話もある。

この紫衣にまつわって江戸時代初期に大きな事件がおこる。「紫衣事件」である。

朝廷から高僧に贈られる紫衣によって朝廷の権威が強化されることをこころよく思っていなかった徳川幕府は、一六一三年（慶長十八）に「勅許紫衣之法度」を定め、大徳寺や妙心寺、知恩院、泉涌寺《せんにゅうじ》などの住持となるものは、幕府の審査を受けたのちに、紫衣を勅許することとした。さらに一六一五年（元和元）に徳川家康は天皇や公家が守るべき法を「禁中並公家諸法度」として定め、「諸宗諸本山法度」も発した。

幕府は一六二七年（寛永四）、さかのぼって元和元年以降の紫衣勅許を取り消す。

これに対して大徳寺、妙心寺は強く抵抗して、京都所司代に抗議書を提出。両寺では硬軟両派の間で紛糾するが、幕府は強硬派の玉室宗珀《ぎょくしつそうはく》、沢庵宗彭《たくあんそうほう》、単伝士印《たんでんしいん》らを各地に配流した。これが一六二九年（寛永六）のことで、幕府の施策と朝廷に対する過度な干渉に不満を抱いていた後水尾天皇は同年、突如として退位してしまう。

「紫」はすなわち、権力簒奪を象徴する色でもあった。

江戸紫と京紫

江戸時代の初期は、桃山文化の影響と、新時代を迎える客気《かっき》が、町人たちにあふれ、彼らの好む色も、華やかな原色に近いものであった。しかし、社会が落ちつくにしたがって、しだいに中間色が好まれ、いわゆる「粋な色」が流行《はや》ることになる。十七世紀後半の延宝から天和にかけては、桃色、藤色、水色、花色（薄い青）、瑠璃紺、鶯茶が登場したという（『江戸服飾史』金沢康隆／青蛙房）。また、同時期に紫足袋の流行もあった。

私が自著でたびたび述べることに、武蔵国の住人杉田仙蔵の話がある。

いまの東京・杉並区あたりに住んでいた豪農の仙蔵は、京都の智積院の僧であったという円光の知己を得て、老後の楽しみに、たびたび自宅に招いて、話し相手をしてもらっていた。ある日、二人で江戸の街に出ると、紫の着物を着る人が多く目についた。宝永年間（一七〇四〜一〇）のことである。そこで仙蔵は武蔵野での紫草の復活と紫の染色を志す。別の説によると、円光から京紫の話を聞いて刺激を受けたともいう。

仙蔵は、当時紫草の栽培や紫染が盛んであった南部に出向いたり、京の染色法を調べたり、苦労を重ねて鮮やかな「紫」を生み出したのである。

ただ、仙蔵が建てた染場は建築後に焼失して、仙蔵の三男の手によって当地における紫染が完成したという。

杉並区などの資料によれば、杉田仙蔵が生み出した紫は「江戸紫」として江戸っ子に支持され、巨万の富を得て、「杉仙山円光寺」という寺を創建したという（いまは廃寺）。

なお、井の頭池の水を染色に用いたことから、池畔には一対の「紫燈籠」が、江戸近郊の紫根問屋や紫染屋から一八六五年（慶応元）に寄進されて建っている。

仙蔵の成功後、一七二二年（享保七）に武蔵野の新田開発が八代将軍吉宗によって命じられ、川崎平右衛門という名主が着手する。作付けするもののなかに紫草も選ばれることになった。

平右衛門は、農民達が仕事に出る朝、屈強な男には「仁」、そのほかの男女には「義」、雑用をする女には「礼」、子守りには「智」、幼い子には「信」のそれぞれの木札を渡し、仕事が終わり木札を持ってくれば、働きに応じた麦を支給したという（『東京都の歴史』山川出版社）。

ここにも五行思想の五常がみられて、興味深い。

「紫と男は江戸に限るなり」と川柳にあるが、「江戸紫」の流行は、杉田仙蔵の紫染を端緒とするか、また、それ以前とするか判然としない。
というのは、江戸紫という言葉が記録されたもっとも古い例に、一六九〇年（元禄三）に出版された『人倫訓蒙図彙《じんりんきんもうずい》』の「紫師」の項がある。「此紫染一種　これすなす中にも上京《かみぎょう》　中川屋其名高し　茜は山科名物也　又江戸紫の家　油小路　四条の下あり」とある。

これを信じれば、江戸紫というのはまず色名が先行し、これを京都で染めていたことになり、「江戸で染めた紫」は必ずしも適当ではない。そのころはすでに日本橋に越後屋（現在の三越）が呉服屋を開き、小売をしていた時期である。それは主に京都で染めた商品を江戸へ運んでいたわけで、江戸の人々が好む色を、京都で染めていても不思議ではない。

一七一三年（正徳三）に「花館愛護桜《はなやかたあいごのさくら》」として二代目市川団十郎によって初演され、のちに「助六由縁江戸桜《すけろくゆかりのえどざくら》」の歌舞伎十八番の一演目となる主人公助六が締める鉢巻、これが桔梗の花に似た色であったところから、青味の紫といわれる江戸紫の色名が定着していったのではないかと思う。なお演目名の「由縁」は紫色（由縁色）を示す。

「江戸紫」ほど諸説紛々の色も珍しい。江戸で染めた紫、江戸の町人が好んだ色、歌舞伎の助六が締めた鉢巻の色、と巷間いわれ、俗説にしたがえば、赤味の紫を京紫、青味の紫を江戸紫とする。ただし、この説には何の根拠もないとする見方もある。

いっぽう京紫は、平安時代以降、染色においては京都が長くその中心地であったために紫染の伝統を引き継いでおり、江戸時代になって、東北の南部紫、鹿角《かづの》紫が有名になり、さらに江戸の地でも紫が染められるようになってから、産地を明確にするためにつけられた名称である。

また、京紫は古代紫の系統で、成熟した茄子のような青味の色と考える人もいる。それは、江戸時代、伊勢貞丈が考説した公家・武家の有職故実に冠する随筆『安斎随筆』に「今世京紫といふ色は紫の正色なり。今江戸紫といふは杜若の花の色のごとし。是葡萄染なり」とあるのを論拠とするようだ。

つまり江戸紫は、杜若《とじやく》の花の色や葡萄色の語源となった山葡萄の実の色のような、やや赤味のある色であると説いている。

紫が赤味がちであるとか、青味がちであるとか、色合いが問題になる。実際の染色作業は、紫根の液で染色してから、つぎに椿の木灰の上澄み液（灰汁《あく》、媒染剤《ばいせんざい》）での発色という工程を交互に繰り返すわけである。布は紫根の液に入っているときは赤味になる。だが、灰汁に入れるとたちまち青系の紫になってくる。これは灰の成分がアルカリ性であって、紫根はこのなかに入ると青味になり、そのいっぽうで酢などが少し入った酸性の染料の液に出会うと赤味になるからである。

したがって、青味にしたければ媒染で作業を終えればよいし、赤紫がほしければ染液のなかで終わればよいのである。さらにもっと赤味を出したいときは、染料の液のなかに米酢を少し入れておけばよい。

京紫と江戸紫との色の比較は、その昔からさまざまな論議を呼んでいるが、技術的には先に記したように、作業を染料の液で終えるか、媒染液で終えるかの差だけである。

このように江戸時代に入って、紫の流行にともなって紫根染がさかんになり、その軒数も増していった。江戸紫という流行色にかぎらず、紫を染めることは、江戸、大坂へと広がりをみせていく。そして、高価なものが存在すれば必ずいかがわしいものがつくられるようになり、「にせむらさき」が出現してくる。

一六五一年（慶安四）正月に出版された『万聞書秘伝《よろずききがきひでん》』という書物の染色の項では「ほんむらさきのそめやうの事」と並んで「同にせむらさきのそめやうの事」というものが書かれている。

本紫のほうは、やはり椿灰を用意して、紫の根を白湯で揉み出して染色するというように書かれている。それに赤味を増すためか、さらに紅花をかけるとあり、それには少し首をかしげたくなる箇所があるが、ほぼ私どもが今日でもおこなっているまっとうな染色法が書かれている。いっぽう似紫のほうは、当時さかんに輸入されて手に入りやすかった蘇芳《すおう》を用いて染めている。おそらく鉄分のある液（鉄漿《てつしょう》）で媒染したのであろう。

『重宝日用染物伝』という書物があって、この書は京都で発行されたことは知られているが、出版年代は不明である。そこには、「にせむらさきハ下地をあさぎにそめて。中染ハあかねにて三へんそめ。また其うへをあかねにだし（煮出し）かね（鉄漿）少し入市へんそめ。うへのとめハむしやしやきのあくにて染てよし」という一文が掲載されている。これは、あらかじめ藍で染めてから赤系の茜で染めて、薄青と赤とを掛けあわせ紫系にしているのである。そのあと、鉄分の液に浸けてより紫を強調している。「むしやしやきのあく」については、私の管見を超えているが、「あく」は灰汁であって色止めのために用いていると考えられる。

このように、江戸時代においては元禄をすぎるころより、町人にまで紫が流行していたことは事実のようである。

農学者である大蔵永常《おおくらながつね》が安政六年（一八五九）に著した工芸作物の技術書には、「紫草」の項があって、「利を得ること常の作物とハ大ひにまさるべし」と記されている。

アニリンの発見

こうした紫の歴史の最終章といえる出来事が、産業革命の嵐が吹き荒れるヨーロッパで、十九世紀のなかころに発生した。

産業革命が進むなか、蒸気機関を動かすための燃料として石炭が多く使われるようになってきた。とりわけ石炭からコークスをつくる際、副産物であるコールタールという重い液体を生み出し、その処分に問題が生じた。しかし、このなかにも役に立つ多くの化学成分が含まれていることが注目されるようになる。

このコールタールから抽出された「アニリン」が、染色の世界において一大革命をもたらすことになった。

一八五七年、イギリス、ロンドンの王立化学学校の助手であったウイリアム・ヘンリー・パーキンという十八歳の青年は、マラリアの特効薬「キニーネ」を製造すべくアニリンを酸化させ、生成物をアルコールで溶いてみたのである。

するとそれは紫色に輝き、それを煮たてて、布を染めてみると、見事な赤紫色の彩りになったのである。これをパーキンは「モーヴェイン」と名づけて特許をとり、彼の父とともに「パーキン・アニリン染料製造会社」を設立した。世界で初の化学染料の誕生であった。

その後、ロンドンで開催された万国博覧会に出席するビクトリア女王着用のドレスにも、この色は使われたのである。

これがきっかけとなって、イギリスをはじめ、ドイツ、フランスでは化学染料の開発が急速に進んでいく。

自然界の紫草の根や貝の内臓から得ていた「紫」は、十九世紀に至って、真っ黒な石炭の副産物から人工的に生み出されるようになったのである。

第三章　多彩な青と緑

一、藍染の普及

まず摺染ありき

私は仕事がら、染織品の宝庫で、かつその技の集積地である沖縄にたびたび足を運んでいる。それは紅型《びんがた》、藍型《えいがた》、首里の織物、芭蕉布《ばしょうふ》、宮古上布《みやこじょうふ》、久米島紬《つむぎ》など独特の染めと織りの文化を勉強させてもらう旅である。

那覇空港へ向けて飛行機が高度を下げていくと、美しい青色の海が窓の下に広がってくる。その青色は決して一色《ひといろ》ではなく、濃いところもあれば、透きとおった水色もあり、しかも、そのさまざまな「青」がいりまじっている。

二〇〇〇年六月に初版を発行した『日本の色辞典』（紫紅社）は、私が日本の伝統色の実際の色と色名の由来について著した本である。

そのなかで五センチ四方の大きさの色標本を二百色以上、古法（植物染・天然顔料）にのっとって再現した。

青系の色は二十標本を提示したが、沖縄の多彩な海の青は、それをもってしてもあらわしえない、まさに自然が創り出した青の濃淡の究極の色見本であった。

『日本の色辞典』が染め出した青系の色は、濃い色相では、
褐色《かちいろ》（青黒《あおぐろ》）、鉄紺色《てつこんいろ》、青黛《せいたい》、藍《あい》、紺《こん》、納戸《なんど》色《いろ》、青鈍《あおにび》、群青色《ぐんじょういろ》、瑠璃色《るりいろ》
を再現し、淡い色相では、
縹色《はなだいろ》（花田《はなだ》色《いろ》）、浅縹、深縹、浅葱《あさぎ》色《いろ》、水浅葱《みずあさぎ》、水色《みずいろ》、甕覗《かめのぞき》、藍鼠《あいねず》、露草色《つゆくさいろ》（花色《はないろ》）、山藍摺《やまあいずり》
（青摺《あおずり》）、空色《そらいろ》
を提示した。

その色標本は、一部を除いてすべて「藍」で染め、その染め加減によって濃淡をあらわしたのである（青黛は藍蠟、露草は花、山藍摺は草による摺染《すりぞめ》、群青色は顔料、瑠璃色はラピスラズリで色をみせた）。

そもそも、人間が染色を考えるようになったきっかけはどのようなものだったろう。原始時代、繊維そのままを編んだ布をまとった人が、山野を狩猟採集しながら歩きまわっているとしよう。そのとき着ている衣に草の汁がついて青黒く染まっているのに気づいたり、熟れた果実が落ちて色が浸みこんだりしているのを発見する。これが、衣を染めるきっかけとなったことは容易に想像できるだろう。

縄文時代の遺跡からは、木の皮で組んだ籠のようなものが出土しているが、そのままの生成色《きなり》にあきたらず、なにか色をつけたいと思って、草の汁を摺りつけ文様を描きながら染めたかもしれない。

染色は、このような「草摺《くさずり》」がはじまりかもしれないし、あるいは真赤に咲いている花を摘ん

できて布や生活用具に擦りこんだ「花摺」かもしれない。

ところが、草木の葉を摺りこんだとしても、しばらくは青か緑色をみせてくれるが、植物のもつ葉緑素は色素としてはきわめて弱いもので、美しい色を長く保つことはできない。さらに、水に濡れれば簡単に流れてしまう。したがって残念ながら、木々の葉の緑色をそのまま布や糸に移して、長い期間にわたって色を保つことはできないのである。

だが、人は、染めた色を美しく、なおかつ長く保ちたいと願うようになる。つまるところ、身近にある美しい青（緑）を衣服にとどめておくにはどうすればよいかと考えるようになるわけで、その過程で摺染よりさらに一段も二段も高度な技法を発見していくことになるのである。

「出藍の誉れ」

青の系統を染色するには「藍」という色材が欠かせない。この藍染の濃淡によって、さまざまな色相の青を表現するのである。

藍以外に青を示す色としては、顔料の群青や緑青《ろくしょう》があるが、私たち日本人の色と衣服の歴史から考えれば、青はほとんど藍という染料からあらわされているといってもいい。

くりかえすようだが、古来の染色は、茜《あかね》の根から茜色、紫草の根から紫色というように、ある植物の一部分から特定の色を取り出す方法が普通である。

ところが「藍」の場合、ひとくちに「藍」とか「藍色」といっているが、「藍」という名の植物はない。しかし、葉に藍の色素を含んでいる植物が幾種類もある。つまり、葉のなかに藍の色素を含んでいるものを「藍草」、あるいは単に「藍」と総称しているのである。地球上には、その自然環境により、さまざまな「含藍植物」がある。

日本では、主に「蓼藍《たであい》」というタデ科の藍草を染色に用いる。通常、植物の葉は枯れると薄茶色になるが、藍の色素を含んでいる葉は黒ずんだ濃い藍色になる。そこに人間は色素となるものがあると気づいて、染色の色材としての藍草を発見したのだろう。同じ日本でも、亜熱帯に位置する沖縄へ行くと、キツネノマゴ科の「琉球藍」が使われている。タイ、ビルマ（現ミャンマー）、中国南部などに住むミャオ族なども同系統の藍を用いて染色している。

さらに赤道に近い熱帯になると、「印度藍」になる。これは草ではなく、マメ科の木である。同じ系統のものとして、中米諸国やアフリカ東海岸で使われた「ナンバンコマツナギ」がある。また、日本より少し寒いヨーロッパでは、アブラナ科の「大青《たいせい》」と呼ばれるものを使っていた。日本でも北海道には同じ仲間の「蝦夷《えぞ》大青」と呼ばれるものがある。

このように、世界各地で、植物の種属は異なるが、藍の色素を含むものを染料にしてきた。寒暖の差によってその土地で育つ植物のそれぞれを、青をあらわす色材として使ってきたということである。

古代中国において、紀元前三世紀ころに名をはせた思想家、荀子《じゅんし》が著した『荀子』の「勧学篇」のなかに「青は藍より出でて藍より青し」という言葉がみられる。

青という色は藍の葉からえた染料で染めるが、もとの藍よりもっと美しい青になるという意味で、それが、弟子が師匠より大成するといった意味に転じて「出藍《しゅつらん》の誉《ほま》れ」ともいわれている。

このような言葉がうまれたということは、とりもなおさず、紀元前三世紀の中国では、藍染の技法が完成していたということになるのである。

もう少し歴史をさかのぼると、古代エジプトの遺跡のなかにも藍染がみられる。古代エジプトの人々は、白い麻を着ていた。その様子は、王たちの墓にのこされた壁画などにもみることができる。遺跡から発掘されたミイラを包む白い亜麻布《あまぬの》、それは当時の人々がまとっていた衣服で、その布の端に一本の青い縞《しま》が入っているのがみうけられる。エジプトの人々は白を清浄な色として尊んでいたようだが、藍を染める技術もすでに習得していて、青の細い縞文様をさりげなく使っていたのである。

同じようなことは、南米のアンデス地方にも例がある。二千七、八百年前、現在のペルー南部の海岸地帯に栄えた早期イカ文化期のものとみられる、アルパカより採った毛の糸を藍染にした織物が発掘されているのだ。

しかし考えてみれば、エジプトと中国、中国と南米、あるいは南米とエジプトというのは、二千数百年前には、文明の交流がなかったわけで、藍の葉を採取してきて、それを染材に染色をするという技術は、それぞれの地で独自に発明され、発達してきたものといえる。

藍の沈殿法と蒅法

藍草からどのようにして藍の色素を得るか。

その前段階の原始的な方法として、本章の冒頭にも書いたように、「草摺《くさずり》」というものがあげられるだろう。

草摺は、藍が含まれている植物の葉を採取して、布や糸にこすりつける。単に葉緑素だけの葉を使うと、水で洗えば色が流れてしまうが、藍の色素を含んだ葉を使えば、きれいに染めつけることができる。

このように、はじめは藍の生の葉で直接布や糸に摺りこんだり、今日でも残る「生葉染《なまばぞめ》」と同様に、刈りとった葉を細かく切って水でもみこんでから染めたりしていた。

しかし、この方法では、藍草が生育する時期しか染色をすることができない。そこで長いあいだの試行錯誤の結果、藍を保存する方法として、つぎの二つの製藍法が考え出された。

これが藍づくりにおける「沈殿法」と「蒅《すくも》法」である。

「沈殿法」にも、また二つの方法がある。そのひとつは、沖縄やインドでおこなわれているものである。

藍草（琉球藍や印度藍）を刈ってきて、それを真水を張った大きな水槽に入れる。しばらくすると藍の色素が水に溶け出すので、そこで藍草を水槽から取り出し、色素が溶け出した水のなかに石灰、もしくはアルカリ性の木灰などを入れる。すると藍の色素はそれらと結合して粒子になり、水槽の底に沈殿するので、上澄みの、藍の成分がほとんどない水を捨てる。すると底にたまった沈殿藍が得られるという方法である。

もうひとつの方法は、東南アジアで琉球藍の系統を使っている地方、中国の南方やタイ、ビルマ（現ミャンマー）、インドネシアの原住民のやり方である。これは畑に茂っている藍の葉を刈ってきて、同じように水に浸ける。藍の色素が水に溶け出すが、藍草は取り出さないで、そこへ灰を入れ、さらに発酵をうながすために果実や糖分を含んだ酒などをどんどん加えていく。四、五日たつと藍が還元発酵して、いわゆる「藍が建つ」という、布や糸を染められる状態になる。おおざっぱで即席に近いような方法だが、これも沈殿藍の一種である。

では、日本やヨーロッパなど、温帯から亜寒帯にかけての地では、どのようにしてきたのであろうか。それは、夏に藍草（蓼藍や大青）を刈り取り、まず葉を乾燥させ、干した葉を積みあげて水をかけて、蒸して腐らせる。葉を腐葉土のようにする方法である。葉がいったん腐葉土のようになると藍の成分は変化をしないので、いつまでも保存しておくことができる便利な方法なのである。

これを「蒅法」と呼ぶ。

蒅という字をみると、「艹《くさ》」と「染」とからなっていて、染色の原点になる言葉といえる。

このような藍づくりの方法は、日本では現在、徳島県と滋賀県野洲市、宮城県などにのこっている。

沈殿法も蒅法も、染め方は同じである。藍という植物は、前述のように、刈り取ってきた藍草の生の葉の場合、藍の色素は水に溶け出すが、いったん葉を乾燥させたり、沈殿させたりしたものは、真水に浸しても色素は出てこない。

ところが、木灰などをくぐらせたアルカリ性の液のなかに入れると、色素が溶け出す。先の方法でえた沈殿藍も、アルカリ性の液に浸けないことには色素は出てこない。さらに発酵を促す媒介も必要とする。そこで、ふすま（小麦をひいて粉にするときにのこった皮のカス）、イモなど澱粉質のもの、さらには糖類を含む酒や焼酎などを入れるのである。

つまり、還元（酸素を奪うこと）が必要なのだ。発酵が甕のなかでおこなわれることによって、上部にはプクプクと「藍の花」（泡）が咲き、一種の酸欠状態となって還元が同時に進行するのである。

一週間ほどして、藍甕の水面には泡が浮いてくるが、これを「藍が建つ」という。アルカリ性の液に藍の色素が溶け出して、還元状態になると、布や糸に色素がつくような要素が出てくるのである。それによって藍に染まるわけで、これが藍染の基本である。

繊維を選ばない藍

右のような製藍方法は地域によってことなるが、藍を建てて染めるという技法は世界中どこでもほぼ同じようにおこなわれてきた。

日本人は近世以降、長いあいだ紺の木綿絣《かすり》や筒描《つつがき》、型染《かたぞめ》された藍色の布に親しんできているため、よく、藍は日本人の色（ジャパン・ブルー）だといわれるが、私は必ずしもそうは思っていない。というのは、赤道直下で暮らす人たち、また、北極圏の毛皮をまとっている人たちは別にして、世界中で藍を染めていない民族はないといっても過言ではないからだ。藍は、世界中で染められているのである。

なぜこのように藍染が世界中でおこなわれてきたかというと、藍は繊維を選ばないからである。植物性の木綿、麻、藤、また動物性の絹、羊毛、どんな素材でも藍はよく染まる。

赤や紫系の植物染料は、絹というたんぱく質を多く含んだ繊維には相性はいいが、それ以外のものには染まりにくい。ところが藍はそれらとはちがって染料としての利用範囲がたいへん広い、いわば染料の優等生といっていい。

日本における古記録のなかで、青という文字が使われているのは、管見では「魏志倭人伝」ではないかと思われる。

「真珠・青玉を出だす。その山には丹あり」

「倭王、……倭錦・絳青縑《こうせいけん》・緜《めん》衣……を上献す」

などと記されている。

絳は赤という意で、青はこの当時まだ日本では藍染がおこなわれていなかった可能性が高いので、群青や緑青を塗布したものか、草摺のようにして染めたものとも考えられる。

さらに『日本書紀』には、「青き御衣」「青摺衣《あおずり》」とあって、これは山藍のような年中青々とした色をたたえている葉を摺り移したことをあらわしている。

「青和幣《あおにぎて》」「白和幣」という語も同書にある。これは、それぞれ絹の製法が渡来する以前の、日本の衣類のもといえる、苧麻《ちょま》と楮《こうぞ》という繊維の素材そのものをさしている。苧麻の茎は、刈り取った後に、その外皮を剝ぎ、なかの繊維質を取り出すと透明な美しい青緑なのである。それを「青和幣」とあらわす。いっぽう、いまでは紙漉《かみすき》の原料としてよく知られる楮の皮は、内側が真白の繊維である。それを「白和幣」という。

藍の製法と染色法が伝えられるまで、山から産出する顔料と、山藍のような緑濃く染まりつきやすい葉で摺染したものを「青衣」と称していたようである。

今日までの通説にしたがうと、藍の色素を含んだ植物の葉を刈り取って染める技術が日本へもたらされたのは、五世紀ころといわれ、中国あるいは朝鮮半島から渡来した技術者によるものである。

やがて、六世紀の終わりに推古天皇の摂政となった聖徳太子が、冠位十二階を定めて、服装の色によって位をあらわそうとしたことは前述したとおりで、それは、紫、青、赤、黄、白、黒の順で、それぞれの濃淡による十二色である。このときの青には、蓼藍の染料が使われていた。

天皇を頂点とする朝廷の群臣、および神仏に仕える者の御服《おふく》などを司る役所として織部司があった。そこには正、佑、令史という管理者と、挑文師《あやとりし》がいて、各地の染色をおこなう「戸」に技を指導し、制作を命じていた。そのなかには、錦綾織百十戸、呉服部七戸、川内国広絹織人等三百五十戸、緋染七十戸、藍染三十三戸があったと『令集解《りようのしゆうげ》』（九世紀後半）に記されている。

高貴な縹色

奈良時代には藍の染色技法はすでに完成していたとみえ、正倉院宝物のなかにもいくつもの遺品をみることができる。

なかでも印象的なのは、大仏開眼のときに用いられた縹《はなだ》色の縷《る》である。縷とは糸をたばねて撚《よ》りをかけたもので、それが藍で染められている。

七五二年（天平勝宝四）に聖武天皇発願によった東大寺の大仏が完成し、盛大な法要が営まれた。そのとき大仏に眼を点じ、魂を入れる開眼式がおこなわれたのである。

この縹色の縷は、太さ約五ミリ、長さ二百メートルあまりの絹の紐《ひも》で、一方を大仏の眼を描くための開眼筆に結びつけ、もう一方を人々が参集した前庭に配する。それに列席した人々が手を添え、全員が開眼の功徳にあずかったのである。今日にいたるまで、その縷には「開眼縷一条重一斤二両大天平勝宝四年四月九日」と記された白紙箋が結びつけられている。

それは今なお美しい瑠璃色というにふさわしい紐で、藍の色をくっきりとのこしている。

これ以外にも正倉院には厖大な数の染織品が伝えられ、そのなかには藍で染められ今日もなお輝きを失うことなく美しい色をたたえているものも少なくない。

たとえば多色夾纈《きょうけち》という、いまでは幻となった手間のかかる困難な技法で染めた褥《じょく》は、鳥と花草文様が藍の濃淡の地に浮かぶようにあらわされている。

また、大きな唐草文様が配された琵琶袋も縹色の清澄な美しさが印象的な錦であるが、これは中国からもたらされたものと考えられる。

日本に仏教が伝えられ、それが国教となると、時の権力者は経典を筆写する写経事業をさかんにおこなって、寺院に奉納し国の平安を祈った。そのなかには、紫、黄、藍などで染められた和紙に、金泥、銀泥で筆写されるという華麗なものも多くあった。

藍の色で装飾された代表的なものは、奈良時代のものとして東大寺二月堂に伝えられる「紺紙《こんし》銀字華厳経《ぎんじけごんきょう》」（通称「二月堂焼経《にがつどうやけぎょう》」）がある。平安期では、奥州の藤原氏が中尊寺に奉納した「紺紙金字銀字大乗悲分陀利経」などがその一例である。後者の経典は、藍の染液を精製して藍蠟という顔料の形にしたもので、引染《ひきぞめ》をしている。

瑠璃色とラピスラズリ

澄んだ濃い青を瑠璃色と表現するのをよく耳にするが、瑠璃とは仏典に登場する七宝《しちほう》（金、銀、玻璃＝水晶、瑠璃、硨磲《しゃこ》、珊瑚、瑪瑙《めのう》）のうちのひとつで、青色の鉱物のことである。

アフガニスタンで出土する良質のラピスラズリ（ラズライト）は、磨くと濃い青地に金色の斑点が星のごとく輝くようにあらわれて「青金石」、あるいは「金精」と呼ばれ、まさに宝の石である。

このように光輝くような瑠璃石を装飾品に使用した歴史はきわめて古い。いまから三千四百年前に栄えたエジプト古代文明の王家の谷より発見されたツタンカーメン王の墓は、金銀の宝飾品に覆われていたが、そこにもラピスラズリがふんだんに使われている。西洋の人々は、それが中央アジアから海を渡ってもたらされたために、ラピスラズリの青をウルトラマリンとも呼んだ。

それらは日本へも運ばれて、正倉院宝物のなかにもいくつかみることができる。「紺玉帯」と称される革製のベルトのような帯がある。この帯は束帯の袍《ほう》をとめる石帯《せきたい》で、四角と楕円形のラピスラズリの原石である紺玉が取りつけられている。

また、「斑犀如意《はんさいのにょい》」がある。如意とは、説法や法会のさいに僧侶がもつ孫の手のような形をした法具であるが、これは約五十センチの長さの犀の角でつくられ、柄尻にラピスラズリをはめこんだ豪華なものとなっている。このほか、「平螺鈿背円鏡《へいらでんはいのえんきょう》」には、地の部分にラピスラズリがトルコ石とともにちりばめられている。

ところが、時代が下るにつれて、瑠璃という言葉は、同じような色をしているガラスの表現に用いられるようになった。

日本へガラスがもたらされたのは弥生時代で、中国から運ばれ、やがて弥生中期になると、原料を輸入して日本でもつくられるようになる。

シルクロードの交易の波が日本へも徐々に押し寄せてくる六世紀からは、ガラスの生産地として優れていた、いまのイランのギラーン州あたりでササン朝ペルシャ時代に生産された碗や杯が東へと運ばれ、まさに瑠璃色をした杯が正倉院に伝えられている。

ところが、日本において「瑠璃」という言葉は、そのころからガラスを総称するようになり、白ガラスを白瑠璃、青色のガラスを紺瑠璃とも記すようになっていった。

正倉院には、本来のラピスラズリと、のちに瑠璃と称されたガラスの両方が収蔵されているわけで、奈良の都にはシルクロードがもたらした西方の青色が光彩を放っていたのである。

古代エジプトのルクソールの王墓からは、ファイアンスという、青い陶器が発掘されている。ファイアンスは、石英の粉末を固めた胎と呼ばれる基質の上に、釉薬としてガラス質のソーダ釉をかけて銅分を加えて焼いたものである。なかでも、カイロ考古学博物館に収蔵されているカバの像はユーモラスで、その青さは見るものの眼に鮮烈な印象を与える。

石では群青がしばしば瑠璃石と混同される。ラピスラズリは、そのなかにある白い部分と青い部分の比重が同じなので分離することができない。細かく砕くと白が混じって、本来の色とならないため顔料として使われることはまれである。一方、顔料の群青は藍銅鉱（アズライト）から採取されるものである。

民衆に普及した藍染

平安期に入ると、いっそう藍色の需要は盛んになり、庶民から高貴な人々にいたるまで、その衣裳をはじめ経典、料紙《りょうし》など、さまざまに用いられてきた。

宮内庁に収蔵される『雲紙本和漢朗詠集』は、平安時代の能書家、藤原行成《ゆきなり》が筆写したとも伝えられるが、その料紙にはあらかじめ藍で染めた紙の素材をほぐし、白い紙の一部分にいっしょに漉《す》きこんでいる。このような紙を「打雲紙《うちぐも》」、染めたもので水玉を飛ばしたような紙を「飛雲《とびぐも》紙」と称している。

この時代にはまた、より多様な色彩や金砂子唐紙などのさまざまな装飾をほどこした西本願寺に伝来する、第二章で紹介した『三十六人家集』のような美の粋を尽くした料紙がつくられた。こうしたなかにも、藍染のものを多くみることができる。『源氏物語』では、たとえば縹色であるとか、浅葱とか、少し黒みを足した青鈍など藍で染めたと思われるさまざまな色名が次々と登場している。

その一方で、庶民にも藍染の衣裳が普及していた。

大阪の四天王寺に伝来する『扇面法華経冊子』は、平安末期の十二世紀に制作されて奉納されたものである。経文の背景に描かれた人々の生活のありようがみてとれて興味深い。そのなかの「干物図《ほしもの》」は、右手に庶民の女性が洗濯物を干している光景と、左手に幾重にも華やかな衣裳を襲《かさ》ねあわせて着ている公家の女房が対照的に描かれている。

右の女性は藍染の絞染か、型染の法被のようなものを着て、同じく藍染絞の衣裳を干しているが、これはどちらも麻の生地を染めたものと考えられる。

当時、庶民が絹を着用するのはまれで、また木綿《もめん》もまだ栽培されておらず、麻もしくは楮、藤などの樹の皮を細く裂いて紡《つむ》いだ植物繊維（木綿《ゆう》と総称する）しか着ることができなかった。「干物図」の左手に描かれた貴族の女性がまとう、赤や黄、緑などの華やかな衣裳はすべて絹と想定される。

この図は、庶民と公家との衣料において、麻と高価な絹という対比をみるとともに、素材の違い、つまり麻のような植物繊維には、藍、もしくは茶色という地味な色しか染まらず、絹には紅や紫の華麗な色が染まりつくという、植物染料の特徴を如実にあらわしているといえるのである。

加えて『扇面法華経冊子』の一群の絵でうかがえることは、庶民のほとんどが藍の労働着で描かれていて、その画材も、藍染の甕から精製した、青黛あるいは藍泥、藍蠟と呼ばれる染料から採った顔料が使われていることである。

さらに鎌倉時代末期の『石山寺縁起絵巻』などでは、石山寺の建立にたずさわっている大工たちが忙しそうに立ち働いている様子がみられる。彼らはたいがい藍染の型染か絞染のような衣服、いまでいう半纏《はんてん》のようなものを着ているのである。

こうしてみてくると、平安時代を過ぎても藍色の需要はいぜんおとろえなかった、といえる。先にも書いたように、庶民が着たのは麻のような靭皮《じんぴ》繊維であり、それに色をつけるには藍がもっとも適していたのである。

飾磨の褐

やがて室町時代にかけて、武士が台頭して権力をもつようになると、彼らの晴れの装束ともいえる甲冑《かっちゅう》は多く紺色、濃紺でつくられた。

墨に近いような紺色を「褐色《かちいろ》」というが、戦国武将たちはこの色名の「かち」に「勝」の字をあてて勝色とし、縁起をかついで武具の革や布帛《ふはく》を好んで染めた。「褐色威《おどし》」とか、「褐色の直垂《ひたたれ》」などの表記が軍記物語によくみられるのは、そのためである。とくに韋《かわ》を濃く藍に染めて威にすることが流行ったのである。

播磨国は古くより藍の産地として知られ、とくに飾磨《しかま》に産する褐色が古くから「飾磨の褐」として尊ばれたという。

中世にいたって、織部司など国家的な規模で管理される工芸工房がすたれ、それに代わって市井の人々が営む座が発達してきたが、そのなかに紺屋と称するものがみられる。『七十一番職人歌合』には、藍甕に布を入れて染める様子が描かれ、そこには「紺掻《こうかき》」、つまり紺屋と記されている。「掻」は藍を掻き混ぜることで、藍染をする人は藍甕を一日一回掻き混ぜるために「紺掻屋」と呼ばれ、それが近世になって「紺屋」となった。

顔料による高度な染色技術

桃山時代になると、藍のもつ清明な色が、「辻が花染」と称される高度な絞染などにあらわれる。なかでも、徳川家康が着用した「淡浅葱地葵紋付花重文辻ケ花染小袖」(徳川美術館蔵・重文)は、代表的な逸品として名高い。

澄んだ淡い藍地に細やかに針を通して絞りあげた、花が濃い藍色で浮かびあがっているもので、これほど藍だけの美麗な意匠は、まさに桃山期の文化を象徴的にあらわしているとともに、藍染師の技術の高さを思い知らされるものである。

さらに、江戸時代になると、「茶屋染《ちややぞめ》」という技法が発達する。

その名は徳川家康に仕えた豪商、茶屋四郎次郎からきているともいわれるが、詳《つまび》らかではない。この染法はまず、きわめて薄い麻地に表裏両面から文様に沿って糊で細い線を置くところからはじまる。それを藍の濃淡だけで染色したもので、糊の部分は染料が入らない。色相としてはどちらかといえば地味ではあるが、糊を用いる技法が極められている。

こうした辻が花染や茶屋染という技法は、藍の染料を甕のなかで建てて、その液のなかへ布を浸けて染める技法である。

一方、染液を顔料のかたちに変化させて使う方法もある。製藍過程で液の表面に浮きあがって酸化した泡を「藍の花」と呼ぶが、それを集めて藍蠟、あるいは藍泥という絵具を、古代よりつくってきたのである。

この絵具は主に、「紺紙金泥経」などの経典や絵画に多く使われてきた。

桃山時代から江戸時代になると、城郭の内部や寺院の襖《ふすま》などに装飾絵画が多く施されて、豪華な彩りをあらわすようになった。

それらを彩る顔料のなかで、青においては、なによりも群青が鮮やかで珍重されていたが、これは極めて高価で、将軍の御用絵師であった狩野派の重鎮でさえ、入手するのに苦労していたという。

そのためか、代用品、というよりも、もうひとつの青色として、藍蠟がより多く使われるようになってきたのである。

そのひとつの例が、友禅染である。茶屋染が藍の浸染でおこなわれ、一部の細い線のみに藍蠟を使ったのに対し、友禅染は米糊で囲った小さな箇所に色挿しをするのに、青系統はほとんどといっていいほど藍蠟を使っている。

さらに、友禅染が考案され、流行し始めた時と同じくして登場した画家の尾形光琳もまた、藍蠟を使っている。

その光琳が描いた国宝「紅白梅図屛風」（ＭＯＡ美術館蔵）は、金地に紅梅、白梅が描かれ、中央に流水の図がある。その流水の部分は近年まで、銀箔が張られて時間の経過とともに黒く変色したか、硫黄などを使ってわざと黒くしていたと考えられてきた。それが近年のエックス線の調査で、銀箔ではなく、染料からつくった有機顔料の藍蠟で描かれたことが判明したのである。

このようなことから、それまでは群青と考えられていた絵の素材を細見してみると、藍蠟の使用の多いことが判明してきた。西本願寺御影堂の木彫の彩色にもかなり使われていることがわかっている。

「紺屋の白袴」

江戸時代に入って藍という染料の需要は、ますます増していく。それは日本人が木綿を着るようになったからである。

木綿はインドが原産で、熱帯、亜熱帯という気温の高いところで生育する植物である。平安時代に一度、日本でも栽培が試みられたのだが、日本のような温帯地域ではなかなかなじまず、普及しなかった。

しかし、いまではだれでも着ない日はないように、弾力性、吸湿性、保温性に富み、洗濯にも耐える丈夫な木綿はいったん利用すると手放せなくなる。桃山時代に再び木綿の生産方法が日本へ伝えられ、江戸時代に入って本格的に栽培されるようになると、その耕地は西日本の温暖な地へまたたく間に広がっていった。

だが、植物繊維である木綿は、絹のように植物染料の赤や紫などの鮮やかな色材を染色するのに、極めて困難をともなった。

ところが藍だけは、繊維をえらぶことなくよく染まりつくのである。

豊臣秀吉の家来であった蜂須賀家政が、阿波徳島の藩主となり、氾濫を繰り返す吉野川をみて、米などの作物をつくっていたのではとても収穫はおぼつかない、湿地を好む蓼藍を育成することが得策だと考えて、この藍づくりを藩をあげて奨励した。これが阿波藍の始まりであるとされてきたが、それ以前より耕作されていたようである。

吉野川の洪水で土地が毎年のように肥沃となり、阿波徳島の蓼藍は、瀬戸内の魚を肥料にしてよく育った。その葉を乾燥させ、水をかけて腐葉土のようにした「蒅」は瀬戸内航路を経て各地に運ばれ、やがて日本一の生産量を誇ることになったのである。

木綿は、江戸時代の中ごろには、西日本を中心に普及していった。それは、とりわけ農民の衣生活を大きく変えた。それまで、冬、麻のような繊維を重ね着して寒さをしのいでいたのが、木綿と綿の普及によって快適になっていったのである。

農閑期に木綿を織る農家が飛躍的にふえ、それを染めるのに各地の村々に紺屋ができてゆく。そして、紺屋が増えれば藍屋が儲かるという図式ができあがったのである。

「紺屋の白袴」ということわざがあるように、紺屋はあまりに忙しすぎて、自分の仕事着の袴も染める暇がない。染屋であるにもかかわらず、自分のことは後になってしまう。それほど紺屋は繁盛したのである。

ただ「紺屋の白袴」には異説があって、藍はとても大事に扱ってやらねばならない染材で、しかも手入れが欠かせない。まるで子どもを育てるようなものだから、慎重に作業をおこなう。だから紺屋の袴は汚れず白いままだというのである。

江戸時代の農民や町人は、ほとんど藍木綿を着用していたといっても過言ではなかろう。明治になって、鎖国が解かれたあとにやってきた外国の人たちの眼には、日本人はみんな藍を着ているると映ったようである。この藍の色を「ジャパン・ブルー」と呼んで賞賛したのは、一八七四年(明治七)に来日した英国人化学者アトキンソンであった。たしかに、日本人は藍と非常に親しんで暮らしてきたのである。

リーバイス・ジーンズ

藍色の衣料というと、現代の私たちにもっとも親しみのあるのは、ジーンズだろうか。戦後から高度成長期に多くのアメリカ映画が日本で上映され、そこにはジーンズ姿の若者が登場し、それ以後、日本でもジーンズが若者の衣料の主流となったのである。

本場アメリカでジーンズが生まれた経緯については、つぎのような話がある。

アメリカの西海岸で金が出るという噂がまたたくまに広がり、一攫千金をねらって大勢の人が西へ向かった。アメリカのゴールドラッシュである。そうなると、金を採掘するためにやってくる人たちを相手に商売をする人間も出てくる。地面を掘るという、はげしい仕事なので、かなり厚手のズボンでなければすぐに破れてしまう。

そこで考案されたのがジーンズ、というわけである。いまでも人気が高いリーバイス・ジーンズの創始者リーバイ・ストラウスがテント生地を使って、ポケットを鋲で補強した丈夫なズボンをつくった。これがそのはじまりであった。最初は、茶色か白色だったようである。

そのうち、先住民は虫や蛇などにあまり襲われないのに、白人はよく襲われる、という話になる。その原因を探ってみると、彼らは、印度藍に近いナンバンコマツナギで染めたらしいズボンをはいていることがわかった。その藍がどうやら虫除け、蛇除けになっていたらしい。そこで、リーバイは、藍でテント地を染めることにしたのだという。

日本でも昔から、野良仕事をするときには、古くなった藍染の布を撚《よ》りあわせて燻《いぶ》し、それで虫を逐ったといわれているので、藍にそのような虫除けの効能があるのは間違いない。

ところが十九世紀後半、化学染料の時代が始まる。一八七八年、ドイツ、ミュンヘン大学の教授であったアドルフ・フォン・バイエルという人が、当時ヨーロッパに大量に輸入されていたインド藍の化学的造式を解明する。また八〇年にはヒューマンが、コールタールから採った「アニリン」から藍を化学的に合成することに成功した。一九〇六年には、BASF社が合成藍の大量生産を開始し、ドイツで生産された合成染料はまたたく間に市場を席巻してしまった。

ともかくも、ジーンズは世界中に浸透し、欧米に限らず、アジアにおいてもジーンズ姿はあたりまえの風景となった。藍という色が人間の眼にやさしい自然な色だということが、なによりもジーンズが世界中で受け入れられた最大の要因といっていいだろう。

藍は日本人がもっとも愛した色のようにいわれるが、世界の国々の衣服をみていくと、私には、世界中の人がみな愛した色であるといったほうが正しいように思われる。

二、日本の国土は「万緑」の風景

多様な緑色

青を語るときは、沖縄の美しい海の色から始めたが、緑を語るには、身近な庭の草や公園の樹木、山を覆いつくす緑林をみれば、十分であるといいたい。

日本は緑の国である。

微細にみれば、千も万も変化をみせる植物の緑色があって、私たちはその緑の名のほとんどに植物の名をあててきた。青と同様、自著『日本の色辞典』に色標本を収録した色名とその染材を紹介しておく。なお、色標本は絹布に染めたものである。

柳色《やなぎいろ》（刈安《かりやす》×蓼藍生葉）、裏葉色《うらはいろ》（蓼藍生葉×黄蘗《きはだ》）、木賊色《とくさいろ》（刈安×蓼藍）、蓬色《よもぎいろ》（刈安×蓼藍）、若竹色《わかたけいろ》（刈安×蓼藍生葉）、青竹色《あおたけいろ》（刈安×蓼藍生葉×蓼藍）、萌黄色《もえぎいろ》（蓼藍生葉×黄蘗）、千歳緑《ちとせみどり》（蓼藍×刈安）、常磐色《ときわいろ》（刈安×蓼藍）、松葉色《まつばいろ》（蓼藍×刈安）、若菜色《わかないろ》（蓼藍生葉×黄蘗）、若苗色《わかなえいろ》（刈安×蓼藍生葉）、若草色《わかくさいろ》（蓼藍×黄蘗）、苗色《なえいろ》（蓼藍×黄蘗）、青朽葉《あおくちば》（蓼藍生葉×楊梅《やまもも》）、苔色《こけいろ》（蓼藍×楊梅）、海松色《みるいろ》（楊梅×蓼藍）。

また、緑色の名には小鳥からつけられたものもあって、

鶯色《うぐいすいろ》（楊梅×蓼藍）、鶸色《ひわいろ》（蓼藍生葉×黄蘗）、鶸萌黄《ひわもえぎ》（蓼藍生葉×黄蘗）、山鳩色《やまばといろ》（紫根×刈安）となる。

染材をみるとわかるように、緑色系は、藍と黄の染材の濃淡をかけあわすことであらわされる。緑色は、五行説では、青に含まれる。しかし、日本の風土において、緑は独特の捉え方をされていた。色を失う冬にあって、松や杉など葉の常に緑で色を変えぬことを「常磐《ときわ》」として永劫不変の謂《いい》としたのである。

人は動植物に仮託してきたのである。たとえば、桜の花や蝉の短い命にはいつくしみをおぼえ、鶴亀や松など樹齢の長い木は不老長寿の象徴とされた。そのことから「松柏《しょうはく》の操」、すなわち節操の固いことや、「松杉を植える」、すなわち一カ所に定住して落ち着くことなど、それらを例えに箴言めいた言葉も生まれたのである。

常磐木の緑葉を色名としたのが、不変の緑色としての「常磐色」、また千年の齢《よわい》を重ねるとして「千歳緑」や「松葉色」という色もあり、いずれも濃い緑の色をさす。

中国や日本で古来、松は神聖な木として尊ばれ、平安時代には新春の子《ね》の日の遊びとして野に出て、「小松引《こまつひ》き」をし、庭に植えた。源氏物語絵巻にも見られる情景である。これが今日の門松につながっている。

また社寺には神仏が降臨するという来迎の松、影向《ようごう》の松の信仰があって、各地に伝説を秘める老松が多い。

この松と、竹と梅をあわせて「歳寒三友《さいかんさんゆう》」といい、冬の画題として中国で崇められてきた。色のことでいえば、竹にもさまざまな名がつけられている。

さわやかな緑の「若竹色」、明るく濃い色の「青竹色」、さらに、緑色系ではないが、煙ですすけた暗い茶色系の「煤竹色」がある。

色名が多いとは、すなわち人々の暮らしにとけこんで、結びついていることの証左であって、松と同様に竹も、その真っ直ぐに空に伸びる姿が好まれてきた。

京都にかぎることではないが、社寺の境内を歩けば、常緑の松が厳冬の「底冷え」の日でも、深い緑の葉を拝観者の頭上に重ねている。ときには洛北や洛西の小路から奥に、淡雪に根を沈めた竹林もみられよう。

ところで、私ども植物染をもっぱらにするものにとって、緑色という色は、身近に眼にする色でありながら、染め色を出すには、まことに難しい色なのである。

その染色法を知らない人は、草木を湯に浸して煎じれば、容易に緑色が得られると思うかもしれないが、決してそういうわけにはいかない。草木がもつ葉緑素という色素は脆弱なもので、ちょっと布にこすりつけて緑になったとしても、すぐに水に流れてしまい染色というにはほど遠い。

自然の豊かな緑を眺め、その鮮やかな万緑《ばんりょく》を自らの衣裳に映したいと人は願ったであろう。しかしその緑を呈す染材は、単独ではこの世に存在しない。

「常磐色」を例にすると、まず、白布を刈安《かりやす》という黄色の染材で染め、さらに蓼藍、すなわち青色の染材を重ねて濃い緑色にしてゆくのである。

藍色の濃度により、緑色の濃淡ができると考えていい。刈安の代わりに黄蘗《きはだ》を藍染にかけて緑色を染めるときもある。緑色はじつは手間のかかる染色なのである。

「禁色」であった麴塵色

春三月、柳の枝に小さな葉と黄色い雄花の穂がついて、その細い枝が豊かな長い髪のようにゆるやかな風になびいている。その様子を眼をこらしてみても、焦点がぼやけて、黄と萌黄が混色していているようにみえる。

古くから中国の人は、このような早春の柳の景を「黄柳」あるいは「麴塵糸《きくじん》」と称したのである。

この麴塵とは、麴黴《こうじかび》の色のことで、緑青という顔料にくすんだ抹茶をまぜたような、なんとも不思議な、人を惑わすような色といえる。

またこの色は、青白橡《あおしろつるばみ》、あるいは山鳩色とも称する。青白橡というのは、団栗《どんぐり》の実が夏になって大きくなり、まだ青さがのこっているという状態である。また、山鳩色とは、鳩の羽根の一部に緑とも黄ともつかない個所があって、そこを指しているのである。

この麴塵色は、平安時代、天皇だけに着用が許された「禁色《きんじき》」であった。

このような色をどのようにして染めるのか。それは十世紀に編纂された『延喜式』によると、「青白橡綾一疋」、つまり、麴塵色を染めるには、「苅安草大九十六斤。紫草六斤。灰三石。薪八百卌斤」とある。

ふつう緑系の色を染めるには、藍染をしたあとに、刈安などの黄色をかけあわせるのが常套の技法であるので、右のものは特例であろう。

どのような色になるのか、実際に工房で染めてみた。

「刈安」は琵琶湖の東、伊吹山で採れたものを使う。次に紫草は、その根に含まれる色素を用いる。私は、京都府福知山市の農場で栽培されたものをわけていただいた。

「灰三石」とあるのは、椿などのツバキ科の樹を、それも生木のままを燃やしてつくった灰のことと思われる。というのは、そのような灰にはアルミニウム分が含有されているからである。それに熱湯を注いでしばらく放置しておくと、その成分が溶出してくるのである。

まず、紫草の根を石臼で搗《つ》いて砕いてから、麻袋に詰めて湯のなかで揉みこんで色素を抽出する。それを薄めた液に、絹布を入れて染色すると、わずかに赤味がかった紫になる。次に、布をツバキの灰を漉《こ》した液に入れて繰っていくと、紫の色は少し青みを帯びて定着してくる。

これをくり返して青紫になった布に、次に刈安で黄色を重ねると、麴黴の色にふさわしいくすんだ緑色となる。

このような不思議な色は、光の届かない室内では何気ない色であるが、ひとたび太陽が輝くところに出ると、一瞬にして奥行きの深い緑色に変わって、しかもきらめくような色相となる。

おそらく、天皇が紫宸殿の暗い室内からしずしずとお出ましになり、縁先に出て光を浴びると、それまでのくすんだ色の装束がさっと鮮やかな色に変わる。多くの人々の眼をうばい、畏敬の念はいやましたであろう。

このような色彩の変化が効果的であるがゆえに、禁色とされたのである。

第四章　仏教の黄、魔力の金

一、黄色をあらわす染材

黄の明るさ

黄色の「黄」の文字には「光」と「田」が含まれて、土地の色をあらわしている親しみやすい色といえよう。人間の眼は、同じ強さの光ならば、ほかの色より「黄色」を敏感にとらえるというから、その点においても私たちに存在をいちはやく認知させる色である。

たとえば植物は、春を待ちかねたように、いっせいに花を咲かせる。なかでも、早春の野山を彩る花は黄色が多く、それは虫たちを介して受粉してもらうため、自らのありかをはっきり知らせるように、自然界のなかで目立つ黄色なのだと聞いたことがある。

一般的にいえば、黄色は、明るく、暖かく、陽気で、活動的といった印象があって万人に好まれる色である。中国では、「中央」「日光」「土」「中和」「君主の服」などの色とする（『漢語林』）。前にも述べた五行思想の表（五九ページ）をみていただくとわかるように、「黄」は中央に位置している。

つまり、五行思想が成立した当初は、もっとも重要視されていたのが黄色であった。そこには先に紹介した黄帝伝説《こうてい》（人類に文化的生活を与えた最初の帝王とする）に、黄色が中国で高位の色とされるようになった原初があるように思われる。あわせて人の眼を引く色彩であることも天子の色にふさわしかったのであろう。

ところが、時代がすすむにつれ、黄色、朱、紫へと、中国では高位の色が変わっていったことはすでに第二章で述べたとおりである。

また、聖徳太子によって六〇三年（推古十一）に冠位十二階が制定されたとき、黄色は六色のなかで、紫、青、赤に次いで四番目の位だったが、六四七年（大化三）に制定された七色十三階においては消えている。

持統天皇（在位六九〇～六九七）のころには、『日本書紀』に、

「是の日に、詔《みことのり》して天下《あめのした》の百姓《おおみたから》をして黄色《きそめ》の衣《きぬ》を服《き》しむ」

とあるように、黄色は庶民の色とされ、日本では一般的には尊ばれなくなったように見受けられる。そのいっぽうで、七世紀末から八世紀初頭につくられたとされる高松塚古墳やキトラ古墳などの壁画をみると、必ずしもそうとはいえないところもある。たとえば高松塚古墳には黄色の衣服をまとった高位の女性と思われる姿が描かれている。

写経用に染められた和紙

衣服の話はいったん留《とど》めておいて、黄色については和紙の染色を語らねばならない。写経の用紙のことである。

日本に仏教が伝来して以降、つぎつぎに仏典が渡ってきて、その筆写がおこなわれた。それは

おびただしい数になる。六七三年、天武天皇は藤原京の川原寺《かわらでら》に書生を集め、「一切経」を書写させたといわれ、その後、官立の写経所が設けられるなど、写経は仏教への深い信仰のあかし、国家鎮護の大事業となっていった。

写経をおこなうには、なによりもまず紙が必要となる。それも厖大な枚数を必要とした。

中国において、今日の和紙のような植物繊維紙が発明されたのは、後漢の和帝のときの一〇五年で、蔡倫《さいりん》が樹皮や麻、布、魚網を用いてつくったとされたが、今日では考古学の発掘調査により、それ以前の前漢の時代ともいわれている。

製紙技術が日本へ伝えられたのは、六一〇年（推古十八）、高句麗の王が派遣した曇徴《どんちょう》によってといわれ、同時に墨ももたらされたという。

そして日本人の手先の器用さともあいまって、この技術は瞬く間に全国各地に広まっていった。このような紙の生産が盛んになって、大量に供給されたからこそ、写経もさかんになったのである。紙の出現によって政治的にも、法律をつくって記録するだけでなく、それらを配り、周知徹底させることができる。また戸籍をつくって人口を確定し、税を徴収することも可能になる。物事を記録するということは、国家の基本をつくることであり、そのためには大量に紙が生産されることがなにより重要であった。

写経には手漉《てすき》和紙そのままの白い紙を用いるのがふつうであるが、「黄蘗経《きはだ》」といわれる黄色く染めた紙に筆写されたものも数多くのこされている。

たとえば、奈良の薬師寺には、「魚養経《ぎょよう》」の名で知られる大般若経を書写したものがある。美しい黄地に雄渾な墨の文字で書かれている。

どうして紙を黄色に染めたのだろうか。まず第一に、白地よりも黄地のほうが墨文字が映えるということが考えられる。第二には、「黄蘗」という染料には防虫効果がある、ということがあげられる。紙を長く保存するためには黄蘗で染めた紙が適していたのである。

正倉院にもおびただしい和紙がのこされている。『正倉院文書』にみられる染和紙は、じつに二百六十万枚にものぼるが、その九割が黄紙であったといわれる。黄蘗だけでなく、後で述べる「刈安《かりやす》」も使われていたようで、刈安紙という名も記録されている。この多くは写経用の紙であったと推測される。染めない素紙もあわせれば、正倉院には、数えきれないほどの紙があったということになる。

東大寺で大仏開眼供養がとりおこなわれた十二年後に、恵美押勝《えみのおしかつ》の乱（七六四年）が起こった。西大寺造営を発願して仏の加護を求めた称徳天皇は、乱を平定したのち、なかに一枚ずつ陀羅尼《だらに》経をおさめた百万基もの小塔をつくり、東大寺や法隆寺をはじめとして、南都の十大寺に分置奉納して国家安泰を願うという驚くべき事業をはじめた。とはいえ、一枚ずつ手で書いていてはとても追いつかないので、木版か銅版で刷ったと思われる。

それにしても、小塔におさめられた陀羅尼経は小さいものとはいえ百万枚なので、漉いた一枚の紙を切り分けて四枚分をとったとしても、二十五万枚が必要となる。およそ四年かけての国家事業であったといわれているが、そのような求めにも十分にこたえられる紙漉技術が当時の日本にあったのである。

いまから二十数年前、その法隆寺に伝来する百万塔と経を研究し、そこに秘められた謎を探るという主旨の番組がNHK教育テレビで放送された。私もそれに参加させていただいて、往時の多量な紙の製作がどのようにおこなわれたのか、経典の印刷は銅版でなされたのか、もしくは木版だったのかなど、現代の実際の製作者や研究者が集まって解明していった。

紙の繊維を化学分析して、楮《こうぞ》か麻どちらであるかを調べ、麻だという結論を受けたので、私は、黄蘗で麻を染色して、越前の岩野平三郎氏の工房で紙に漉いてもらった。

印刷については百万もの数をどのように刷ったのか、木版の刷師である故・戸田正氏などの意見から、銅版と木版の併用であったこともわかった。

写経の和紙染に多く用いられてきた「黄蘗」は、ミカン科の高木で、樹皮の内側が黄色のコルク層になっている。その部分は口にすると苦く、その苦みが防虫効果をもたらす。

黄蘗の染料は、樹の内皮の部分を煎じてつくる。煎じていくうちに液はきれいな黄色になる。この液のなかに糸や布を入れて染めると、液の色と同じ、明るくきれいな黄色があらわれてくるのである。

伊吹山の刈安と八丈島のこぶな草

紙や布を黄色に染める染料はかなり多くの植物にみられる。世界中でいろいろな種類の植物染がおこなわれているが、日本の伝統的かつ代表的な黄の色材といえば、「黄蘗」と「刈安」だろう。

古来、黄色の染料のなかでも、もっともよく使われる重要な染料は「刈安」である。

「刈安」は、薄《すすき》によく似た植物で、本州中部から以西の山野に自生している。とりわけ山の高いところ、あるいはある程度の標高をもつ高原でよく生育する。もっとも有名な産地は近江《おうみ》国、滋賀県と岐阜県の県境に聳《そび》える伊吹《いぶき》山である。

伊吹山の裾野には、針葉樹や広葉樹などが茂っているが、山の中腹あたりは草原のようになって、背の高い樹はほとんどない。太陽がよく照りつけるその場所は、刈安の生育に絶好である。

ここで刈安系の黄色について説明しておこう。それは、植物に含まれる「フラボン」といわれる色素による。植物は太陽の光がなければ育たないが、反対に太陽の光が強すぎても生育がさまたげられる。太陽の光が強すぎる場合、植物は、このフラボンをたくさん生成し、膜を張ったようにして紫外線から身を守ろうとするのである。

つまり、伊吹山のように太陽がよくあたるところの刈安は、より多くのフラボンを蓄えることになる。そのため、古くから伊吹山で採れる刈安は「近江刈安」といわれるほど名高いものになった。『正倉院文書』の「近江苅安」も、この伊吹山のものと思っていい。

この『正倉院文書』から百年ほどのちの『延喜式』には、刈安を使って「深黄」に染める方法が記されている。それによれば、

「深黄綾一疋。苅安草大五斤。灰一斗五升。薪六十斤」

とある。

伊吹山の刈安は、その後も変わらずに知られたようで、永正年間(一五〇四～二一)に京極高清が、そのあとに浅井氏などがこの一角に城をかまえたが、その城は「刈安尾城《かりやすお》」とよばれていた。「刈安尾」という名は、まさしく刈安が茂った地であることを証明している。

もう一つ、刈安と同じ色を出す植物がある。

東京都の南、伊豆七島のひとつの八丈島には、江戸時代より「黄八丈《きはちじょう》」と呼ばれるよく知られた絹織物があるが、これは島内に生育する植物染料を使って染められる。その色彩は黄色、黒、鳶《とび》の縞《しま》だての織物であるが、黄色が主調をなしている。この黄色を染めるのは、イネ科の「こぶな草」である。

こぶな草は日本のいたるところに生育していて、ことに八丈島には多く、刈安と同様、黄色の染料であるところから「八丈刈安」とも呼ばれている。

楊梅、福木、支子

このほかにも日本においては、さまざまな黄色系の染料が使われてきた。それらをつぎに紹介する。

「楊梅《やまもも》」は、温暖な地方に生育するヤマモモ科の常緑樹である。六月ころに成る直径二センチあまりの球状の実は、暗紅紫色に熟す。多汁で甘酸っぱいこの実は、そのまま食べたりジュースに加工されたりする。

染料としての色素は、樹皮に含まれる。樹皮を煎じた液で染め、明礬《みょうばん》で発色させれば黄色に、鉄分で発色させれば茶色になる。明治二十年代のはじめ、大阪の上杉治兵衛という人物によりエキスのかたちで製造販売されたことがあるほどよく知られていた。

楊梅が「渋木」とも呼ばれるのは、黄褐色に染める柿渋と同じように耐水性を増すからである。それは江戸中期に刊行された百科事典『和漢三才図会』にもみられる。

沖縄では、黄色はかなり重要な色である。それは紅型《びんがた》の地の黄色が示すとおりだ。

中国では明代になって、「黄帝伝説」が復活して、黄色をまとうことで自らの権威を誇示する時代があり、その影響を受けていた琉球でも黄色が尊ばれるようになった。有名な紅型は、およそ十四、五世紀からおこなわれたといわれる型染《かたぞめ》である。花鳥、山水文様をかなり大胆に、しかも大きくとり入れた黄の地のものは、尚《しょう》王朝では、この紅型でも織物でも王族だけしか着てはいけない色、禁色《きんじき》とされた。

沖縄で黄色に染める染料は「福木《ふくぎ》」である。福木は沖縄の人にとってはきわめて馴染みの深いもので、街路樹にはほとんど福木が使われ、家の周りに防風林としても植えられているように、たいへん身近な染料なのである。樹皮に黄色の色素が含まれており、煎じた液が、古くから琉球紅型の黄色の地染や色挿し、糸染に用いられてきた。

「支子《くちなし》」（梔子）は、本州中部以西に自生するアカネ科の常緑灌木である。梅雨から夏にかけて、白い香りのよい六弁の花をつける。やがて筒型の実をつけるが、秋になると黄赤色に熟す（熟しても果実の口が開かないことからこの名がついたといわれる）。この実が染料となる。

色づいた実は黄赤色なのだが、煎じた液は黄色である。現在、私たちは支子といえば栗きんとんや餅などを着色する黄色がまず頭に浮かぶが、『延喜式』の染色法をみると、支子色というときは熟した実の黄赤色を指していた。黄色のときにはわざわざ黄支子色とことわっていて、黄支子色は支子だけで染めている。深支子と浅支子は、支子で染めたうえに紅花の赤を染め重ねて赤味をたす。

実が色づいてゆく微妙な変化を染め名に反映して、それを楽しみながら、色を身にまとうという、まことに贅沢なファッションを平安朝の貴人たちはおこなっていたのである。

西から安石榴、南から鬱金

「安石榴《ざくろ》」（石榴）も黄色の染料のひとつになる。

ペルシャおよびインドを原産とする安石榴は、世界各地できわめて古くから栽培されている。六、七月ころ、朱に近い赤の六弁の花をつけ、九月から十月ころに大きな球形の実をつける。実が熟すと皮が裂け、ルビーのようなつやつやした実（外種皮）が一部のぞく。この実は多汁質で甘酸っぱく、ビタミンCやクエン酸を多量に含んでいるため、生で食べたり、果実酒にしたりして食用に供する。

安石榴はシルクロードを西からやってきた植物である。繁殖力が強く、砂漠のオアシスなどでも育つ。渇きをいやし、疲労回復の効果があるので、砂漠を旅する人たちは、この実を水筒代わりに携えたといわれている。中近東では、裂ける前の実を揉んでジュースにし、皮に穴をあけて飲む。

私も秋の時季に中国西域のウルムチ、カシュガルなどへ旅をしたことがあるが、大きくてきれいな実がたくさん店先に並んでいた。また、当地では美しい女性を安石榴にたとえたり、種子が多いことから豊穣のシンボル、子孫繁栄の象徴とされている。

「鬱金《うこん》」はショウガ科の多年草である。ショウガのように地下に太い根茎があり、それが黄色の染料や香辛料、薬用に供される。カレーの色づけに欠かせないターメリックは、この根茎を煮て乾燥させ、粉末にしたものである。

高温で多湿な地を好むので、熱帯・亜熱帯地方で広く栽培され、日本へは、桃山時代の終わりから江戸時代のはじめにもたらされた。その後、温暖な鹿児島あたりでは栽培が可能になっていったのであろう。

染料としては、とても鮮やかな黄色に染まるのだが、染色性が弱く、単独での染めより、紅花染で黄色がかった朱色にしたいときなど、前もって鬱金で染めておいてから紅花で染めるというように、紅の下染にも使われる。

香りを虫が嫌うからか、木綿に染めたものは、「鬱金文庫《うこんぶんこ》」といわれる古美術品の包みや反物の上巻きとしても用いられている。

謎の色、黄櫨染

秋になると、落葉樹の葉は緑から黄、赤へと色づき、そして茶色になって枯れてゆく。その過程を「朽ちる」という。

「朽葉《くちば》色」というのは、緑から紅葉へと色が移ろって散るまでの樹々の葉の色をあらわしている。黄系では「青朽葉色」「黄朽葉色」、赤系では「赤朽葉色」という色名があって、たとえば銀杏《いちよう》だが、銀杏の葉はいきなり緑から黄色になるのではない。まず緑が鮮やかさを失い、渋い緑色になる。その状態を「青朽葉」という。そして鮮やかな黄色になったあと、わずかに黄茶色へと変わりはじめるときが「黄朽葉」である。あるいは紅葉のように、赤茶色に変わりはじめるのが、「赤朽葉」である。

このような色名にも、いにしえの人の、移りゆく葉の変化を克明に観察するたしかな眼を感じることができよう。

朽ちていく色とは対照的に、朱がかった黄色が重要な位置を占めていたことも述べておく。おそらく中国から渡ってきた色の名前と思われるが、奈良時代には「黄丹《おうに》」という色があった。それは、黄色と赤がまじったきわめて鋭い朱色である。中国では天子の色とも呼ばれていた。また、皇太子が即位など、儀式のときに着る色といわれ、特別な色だった。

明代の類書『山堂肆考』に、中国では天子の袍《ほう》や衫《かざみ》にはいずれも黄赤を用いることが記されており、黄赤、つまり赭黄《しやおう》という、まさに太陽が高く昇り光輝くような色を皇帝は着用していた。それは皇帝を象徴する色であり、わが国もそれにならったのである。黄丹は、紅花と支子を重ねたもので、日本では『養老律令』（七五七年）の「衣服令」で皇太子の袍の色とされ、このことが、現代までつづいている。

日本では奈良時代まで、黄赤色といえば紅花と支子を使っていたが、平安時代になると支子の代わりに「櫨《はぜ》」が使われるようになる。

櫨の木を縦でも横でも割ってみると、その芯部は鮮やかな黄色をしていることがわかる。したがってこの芯材を煎じた液で染めれば波自色《はじ》（櫨色）と呼ばれるややくすんだ黄色になる。その黄色に蘇芳《すおう》を重ねると、「黄櫨染《こうろぜん》」という特別な色になるのだ。

ただ、この黄櫨染の色相と染色法については論議がなされるところである。黄櫨とは櫨の木のことであるから、その黄で染めた黄色であるとする説と、黄赤色であるとする説とがある。後者は櫨の木の葉が秋になると黄紅に染まるので、それを黄櫨色と解するもの。また、『延喜式』に記される「黄櫨綾一疋。櫨十四斤。蘇芳十一斤……」という染色法にしたがえば黄赤色になるところから、その説を支持する根拠ともなる。

「萱草色《かんぞう》」は、文字どおり「萱草」の花の色をあらわす。百合に似た小ぶりの花をつけるが、花の命が短く一日でしぼんでしまうところからか、黄赤色であるにもかかわらず、平安朝の人々はこの花の色を喪に服するときの色にした。

『源氏物語』には、正妻葵の上を亡くした光源氏が亡き人を偲ぶ場面に「ほどなき衵《あこめ》、人よりは黒う染めて、黒き汗衫《かざみ》、萱草の袴など着たるも、をかしき姿なり」という記述がみられる。


以上みてきたように、黄色は身分の高い人から低い人まで、幅広く用いられた色といえよう。日本の自然は緑で満ちているが、植物染の世界では、単独で緑を染められる染料はなく、かならず藍と黄色を重ねて緑をあらわさなくてはならない。つまり、なじみ深い緑色のなかには黄色の染料も含まれていて、染色において「黄」はとても重要視されているのである。

二、金銅仏から障壁画へ

灼熱の夜明け

私の仕事の中心である植物染からは、いささか離れることになるが、日本人が愛した色として「金色」を取りあげてみる。日本人だけでなく、人類はこの「金」に魅了されてきた。色というより「金」の価値に、その目映い光に憑かれたのだ。

人類が最初に知った金属のひとつである金は、「地中の太陽」として、希少性、美しい光沢、細工のたやすさなどから珍重された。金の元素記号 Au はラテン語で「夜明け」(aurum) を意味する言葉からとったものと、ものの本にあるように、輝かしい光だけでなく、金は何か朝日の神聖さをおびているかのごとくにみえる。

メソポタミアのシュメール人は、すでに紀元前三千年に金の頭冠をつくっていたし、エジプトにおいても、紀元前十四世紀ころのツタンカーメン王(第十八王朝)の墓から出土した黄金の棺には、金の装飾品が収められていた。

中国では、殷の時代から尊ばれ、また南アメリカのアンデス文明でも、紀元前の墳墓から発見された金製品は、おびただしい数にのぼっている。

日本においては紀元前に金色をみることはなかった。金との出会いは、『後漢書』の「東夷伝」に記されているように、後漢の光武帝(在位二五〜五七)が倭国に金印を賜ったことが最初であり、その金印は福岡県の志賀島《しかのしま》で江戸時代に発見されている。

五世紀になると、すでに金、銀の生産と鍍金の技術を習得していた朝鮮半島から、それらの製品が運ばれてきた。

奈良県斑鳩町の藤ノ木古墳からは、金銅製の鞍金具などが出土していて、それらは大陸からの舶載品であるとされている。それとほぼ時期を同じくして、日本国内でも加工品が生産されるようになったが、金の原料は輸入に頼っていたと考えられる。

日本において、光り輝く金の美しさと貴重さを認識するようになったのは、仏教の伝来からである。

『日本書紀』の欽明天皇十三年の記述がその様子を端的にあらわす。

百済の聖明王が「釈迦仏の金銅像一体」を贈った。やがて仏教寺院が建立され、その堂内には金色に輝く仏像が安置され、金銅製の幡《ばん》、天蓋なども飾られた。そこに陽光が射しこみ輝くさまは、人々の眼と精神をとりこにするような空間であっただろう。

やがて、日本でも対馬をはじめとして、金が採掘されるようになり、金属加工の技術は渡来人によってもたらされた。その初期の例が、法隆寺金堂に収められる「釈迦三尊像」の金銅仏である。

また、八世紀に至って聖武天皇の発願により東大寺大仏（盧舎那仏）の鋳造がはじまったさいに、表面に貼り付ける金箔に必要な金を国内で探し求めたところ、陸奥国で金鉱がみつかり、黄金の献上があった。七四九年（天平感宝元）のことである。このことが日本人の金に対する関心の幕開けといっていいだろう。

金はまた、経典の荘厳さをあらわすためにも使われた。

紫や紺に染められた和紙、これだけでも手間のかかる貴重なものだが、その色紙に金銀泥文字で写経するという豪華絢爛な経典がつくられた。奈良時代の「紫紙金字金光明最勝王経《ししこんじこんこうみょうさいしょうおうきょう》」は、紫根《しこん》を泥状に加工して和紙に塗り重ねたうえに、平安時代の「神護寺経」は濃紺の和紙のうえに、それぞれ金で書かれている。さらに、金銀の箔で美しく料紙《りょうし》を仕上げ、そこに墨文字で経を写した「平家納経」などは、目映いばかりの荘厳さをいまに伝えている。

また、藤原氏の権勢の絶頂にいた関白藤原道長の宇治の別業（別荘）を、その子の頼通が、世が末法に入ったとされる一〇五二年（永承七）に寺院にあらため、平等院として極楽浄土の世界を構築する。とくに鳳凰堂に安置されている平安時代後期の名仏師定朝《じょうちょう》の手になる「阿弥陀如来坐像」は、寄木造の優美な和様彫刻で、漆を接着剤に金箔が貼られて光り輝いている。奥州藤原氏も、豊富に金を産出する金鉱を得たことにより、中尊寺の金色堂を建立することになる。金色堂はその名のとおり、堂内外すべてに金箔が貼られている。

金箔と金泥

ところで金を装飾に用いる場合、銅などの金属に鍍金する場合と、溶かして泥状にした金泥を筆につけて塗るという技法、そして精製した金の地金を薄くたたきのばして、薄い紙のような箔状にし漆や糊などを接着剤にして貼るという、おおまかに三つの方法がある。

なかでももっとも後発の技術である金箔が、日本では法隆寺の「救世観音像」にみられ、白土《はくど》を下地にして、それに金箔を貼って金銅仏に似せたものとなっている。

飛鳥時代から天平時代にかけてすでに、金箔が使用されていたようで、その証として七四七年（天平十九）に作成された「大安寺伽藍縁起幷流記資材帳」に「合金釙参阡漆佰伍拾枚」という記載がみられる。「佰伍拾枚」を、漆で貼るという意味に解すべきだろうか。

のばした金の小片をたたき、薄くのばしていく技法は、今日、金沢の伝統工芸としておこなわれているが、これは何枚もの和紙（箔打紙）に金をはさんでおこなう。

たとえば江戸時代のものと比較すると今日のものは技術がすすんでおり、より薄く仕上げられるようになっている。

この技法は、古くから中国でおこなわれていたそうだが、そのはじめのころから、紙を使ってたたきのばしていたのか、あるいは皮革ではさんでいたのかが注目される。いずれにせよ、薄く均一にのばすことが可能になったのは、中国で発明された製紙技術の発達のおかげである。

正倉院御物のなかに、おそらく大仏殿完成の法要のおりに散華《さんげ》に使われていたと思われる紙が伝えられている。それらには「金塵色紙」「敷金紅紙」「金薄敷紫紙」など、薄くなった金箔を小さく切って貼ったり、砂子《すなご》にして散らしたと考えられる装飾紙が多くある。

さらに平安時代に入ると、金の使用は広がりをみせ、写経本の表紙や見返し、さらには京都西本願寺に伝えられる『三十六人家集』などに、華やかに染めた和紙に、禾《のぎ》、切箔、砂子などをあたかも宝石や星をちりばめたかのように装飾しているものがみられる。

これらは、ごく薄い金箔がつくられていたことの証でもある。

加えて、薄くのばした金箔を一枚の紙に貼りあわせて金の紙をつくり、それを薄く切って糸のようにする技術が、中国の宋の時代に考案された。

それまでも「モール」という、金を細く切って糸に巻きつけて糸状にするものは、たとえば正倉院所蔵の刺繡などにもみられたが、紙で金を裏打ちするようになってから、より繊細な金糸が完成したのである。

この金糸の完成により、絹糸を多彩な色に染めたものといっしょに織りこんだ金襴《きんらん》が誕生した。金襴は、十一世紀にはすでに日本へ輸入されていたと考えられ、『源氏物語』の「梅枝《うめがえ》」の帖には、「高麗人《こまうど》のたてまつれりける綾、緋金錦《ひごんき》どもなど」と記されている。

やがて鎌倉時代に入って、中国へわたった禅宗の僧侶らによって、この金襴の織物や紫や茜地の絹のうえに糊を置いて、その上に薄い金の箔を置いた摺箔《すりはく》の布類が、高僧の僧衣あるいは袈裟として、日本へ多くもたらされるようになる。また、高麗の国を通して綾の織物にまじって緋色地の金襴織物があると記されている。

従来、日本では染織品に金が使われることは少なかったが、日明貿易がはじまってからは、その華やかな布が伝わるようになるのである。

扇面から金地屏風

装飾経や『三十六人家集』に代表される歌集への金銀の使用が、切箔、禾、摺り出しなどの細やかな表現であるのに対して、中世になると絵画や扇面を描くなかで、かなり大胆な使われ方が目立ってくる。

それは、輝く太陽と、夜に鈍く光る月との対比として表現された。これは「日月図」と呼ばれ、表に大きな円を金箔あるいは金泥であらわし、裏面には銀で月をあらわす。

　こうした流れが、やがて室町時代の「日月《じつげつ》山水図屛風」の表現へと結実していくように、私には思える。大阪の金剛寺に伝えられるこの屛風の右隻には、松や杉が生い茂る山が幾重にも重なるようにあって、そのなかを水が激しく流れいくさまが描かれている。山の合間には金色の太陽が描かれていて眼をうばわれる。左端には雲取りがあって、それには金地に大ぶりの切箔がちりばめられている。

　左隻には、雪をかぶった白い山と緑の山がやや遠くにあるように描かれ、滝や流水が印象的である。その山の端には、銀泥で描かれた三日月が浮かんでいる。

　右隻と同じく、左隻の左側にも金によって雲取りが施されている。雲取りで画面を省略したり、区分けする技法は、すでに「源氏物語絵巻」などにみられるが、中世の終わりころより、大画面の屛風にも登場し、それが金箔あるいは金泥で大胆にあらわされるようになってくる端緒がこの屛風にみられるのである。

　やがて、桃山時代に入ると、こうした雲取り、あるいは金箔を貼りめぐらせたなかに花鳥風月を描く金地屛風が出現してくる。

黄金の国ジパング

　戦国の時代に入り、その群雄割拠のなかから勝ちあがってきた織田信長、豊臣秀吉といった戦国武将も、権力を掌握するとともに、輝く金の魅力にとりつかれていった。

　イタリア・ヴェネツィアの商人で旅行家でもあったマルコ・ポーロをして「黄金の国ジパン

グ」といわしめた日本は、このころになると佐渡の金山をはじめ、いくつかの地で金の採掘がおこなわれていて、文字どおり黄金が満ちあふれていたといっていい状況であった。

織田信長が築いた安土城、秀吉が築いた伏見城、洛中の聚楽第は、いずれも軒瓦には金箔が貼られて燦然と太陽に照り輝いていたという。

そして室内には、狩野派の絵師によって描かれた色彩あふれる花鳥風月の障壁画がしつらえられた。障壁画の背景は金箔で一面覆われた眼にもまばゆいものであった。

南蛮交易に金銀が有効であると知った秀吉は、全国の鉱山を直接支配して、天正大判などの金貨を鋳造している。

衣裳においても、権力者の金への好みを反映して、有力な武将やその周辺の人々には豪華絢爛なものが好まれるようになっていった。

これらは、中国の宋・元・明国からもたらされた金襴や印金の影響によるものである。武将やその夫人たちの華やかな小袖、また武家で重んじられた能楽の衣裳は、金糸の刺繡や金銀の摺箔によって惜しみなく加飾されている。

そのひとつの例としては、桃山時代の「紅白段枝垂桜模様《こうはくだんしだれざくら》摺箔《すりはく》」（林原美術館蔵）があり、その華麗さをみることができる。

さらに、京都市東山区の高台寺に伝わる「高台寺蒔絵」と称される漆器などにも、黒地にきらびやかに映えるように金泥、金箔がおしげもなく使われ、来日したスペイン、ポルトガル人なども その華麗なる輝きに眼を瞠って、本国へ大量にもち帰ったのである。

これらは桃山時代の作で、秀吉と妻のねね（高台院）を祀る高台寺の霊屋の内部の装飾や、ふたりの遺愛の品である「竹秋草蒔絵文庫」などにみることができる。

江戸時代に入ると、金の産出にかげりがみえはじめ、貨幣には銀が使われるようになった。一六〇一年(慶長六)、京都・伏見に銀座が置かれて、銀貨の鋳造がおこなわれるようになる。東京の銀座は一六一二年(慶長十七)、駿府にあったものが江戸に移されたことによってはじまった。これら銀座は、徳川家康の命をうけた幕府の御用商人らの手で営まれた。

この時期、美術工芸の分野では、金・銀が盛んに用いられた。

絵画にかぎってみれば、俵屋宗達筆といわれる「蔦の細道図屛風」(相国寺蔵・重文)や、宗達の影響をうけた尾形光琳の「紅白梅図屛風」(MOA美術館蔵・国宝)が代表例として挙げられる。前者は、濃い緑青の地と、空間を二分するかのように盛大に貼られた金箔の幾何学的意匠とがきわめて印象的である。後者もまた、金をおしげもなく使っていて、その金が近年、箔ではなく泥ではないかと分析され、注目を集めている。

やきものの世界では、色絵陶器を完成させたといわれる野々村仁清や、仁清の次の京焼をになった尾形乾山もやはり金を使っている。一方、日本における磁器発祥の地、有田では元禄のころより金襴手《きんらんで》と呼ばれる、色絵や染付に金泥や金箔を用いた豪華なものが造られるようになった。

さらに、町人の日常生活においても金・銀の浸透がうかがえるのである。それらは、櫛《くし》、簪《かんざし》、笄《こうがい》など江戸の細工物にみることができて、より一層の広まりを見せていくのである。

第五章　町人の色、茶と黒

一、もっとも身近な染色法

タンニン酸という色素

茶は日ごろからなじみ深い色である。しかし、私が想像するところ、人類がこの茶という色を色彩として明確に認識したのはかなり時代を経てからではないかと思う。

原始的生活を営んでいた人々は、茶色への意識はあまりなかったと考える。というのは、灰色のアスファルトの道ばかりを歩いて生活している現代人ならば、土の色や樹の肌の色である茶色に懐旧の情や豊かな大地といった印象をもつだろうが、山野を駆けめぐり、獲物を射たり、野草を採ったりしていた原始生活では、土の色や樹の肌というものは当たり前すぎて眼や意識にとまらなかったはずだから、と想像するのである。

すでに縄文時代には土器を焼成することがおこなわれていたが、それも粘土質の土をこねて、枯れた草や木の枝を積みあげて燃やすという方法で、それらの茶の色も、日常に眼にするありふれたものだったからである。

そのころは、周囲に草原が広がり樹林が生い茂るという自然環境であったから、原始の人類にはしごく当たり前のことだったろう。

ただ、縄文人は、胡桃《くるみ》や団栗《どんぐり》、栗などの木の実を食料としていたので、それを土器で煮て、渋を抜くということをしていた。そのため、煮汁が時間がたつにつれて茶色になることには注目していたかもしれない。だが、その液を染色に使っていたかは定かではない。

なぜならば、当時はまだ織りの技術が完成されておらず、たとえば籠のようなものを加工するには藤や蔓で編んだり組んだりしていたので、自然に樹皮の茶色がその籠についているわけだからである。

茶であれ黒であれ、その色に染めて、意識して色を表現するようになるのは、日本では、麻、楮《こうぞ》などの樹皮から繊維をとりだす技が高度に発達し、それを機《はた》にかけて織物にすることができるようになった縄文時代後期、あるいは弥生時代の初めのころではないかと考えていい。

麻や楮の皮から糸をつくるときは、樹皮の外皮、いわゆる黒皮と呼ばれている部分を削りとって、内側の白い皮だけを使うようにしなければ、やわらかな布を織ることはできない。

そもそも茶系統の色は、植物のなかに含まれるタンニン酸、つまり渋の色素なのである。

タンニン酸は、植物にとっては自らを守るための抗菌作用をはたす重要なもので、たとえば、昆虫や鳥が表皮に傷をつけたとき、その傷の周りにタンニン酸が集中して菌の侵入を防ぐ。また、強い風に吹かれて樹と樹、または枝と枝がこすれあって傷ついたり、動物に爪をかけられて傷ついたときにも、この化学物質を分泌して身を守る。

松や杉などの常緑樹で、何百年も樹齢を重ねているものは、分厚い茶色の樹皮が何層にもなっているが、これはまさに渋、つまりタンニン酸の層なのである。

また、植物にとって次の世代をつくることは重要で、種を実らせて、それを包む実と皮がその保護を担うわけである。土に落ちた種子が、翌年そこから芽を出してつつがなく育っていくためには、外部からの菌の侵入を防がなければならない。

したがって、柿、胡桃、団栗、栗など、種を含んでいる木の実にはタンニン酸が多く集まっているので、それらがまだ木の枝についている時期に採取して染料にすれば、茶の色素をたくさん得ることができる。

ほとんどの植物のどの部分も茶の染色に使えるのは、人間の血液中に細菌を殺す役割のある白血球があるのと同じだからである。

お茶の伝来

ところで、植物のもっている渋、すなわちタンニン酸のかもし出す色を、なにげなく「茶色」と表現してきた。

私だけではなく、誰もがそのように呼ぶことに疑問を抱いていないが、そもそも「茶色」という名称は、文字どおり、私たちが毎日のように飲んでいる「お茶」に由来している。

つまり、お茶の葉を焙《ほう》じて、ほとんど葉緑素がなくなってしまった、タンニン酸の色としかみえないものを、まさに私たちは「茶色」と呼んでいるのである。

ところが、日本には古代からお茶があったわけではない。お茶を飲む習慣が中国から伝えられた時期を探らないことには、いつのころから「茶」という色の名称があらわれたのかを明らかにすることはできない。

奈良時代では、茶系の色名には、染料とした植物の名前そのものをあて、胡桃色、橡《つるばみ》色、というふうにあらわしている。

平安時代になると、それに加えて丁子《ちょうじ》で染めた淡い色を香《こう》色、あるいは朽葉《くちば》色、苦《にが》色などというように、それぞれ意味をもたせた名称が、茶系統の色名として物語の随所にみられるようになる。

ところで、茶を焙じて湯にとかして飲むという中国の習わしは、日本へは奈良時代に伝えられたとされる。しかし初めのころはとても貴重なものだったので、薬として扱われていたという。お茶を飲むという外来文化、つまり「喫茶」は、天皇を中心とする公家社会、あるいは最澄や空海のような唐へ留学した僧など、ごく限られた階層の人たちだけのものだったのである。

日本における「茶」という言葉は、『日本後紀』の八一五年（弘仁六）の記事に、「令畿内幷近江。丹波。播磨等国殖榛。毎年献之」とあるのが文献的にもっとも古い例である。

この文献からすると、奈良時代の終わりころから、平安時代にすでに茶の木が栽培されて、税として納められたようであるが、本格的に普及するには、僧栄西《えいさい》が二度目の宋への留学より帰ってからと考えられている。

一一九一年（建久二）の帰国に際しては、宋の茶道の作法と、茶の苗をもち帰り、それを京の西北、栂尾《とがのお》の高山寺に庵を結んでいた明恵《みょうえ》に贈ったのである。

明恵はその苗を山内に植えて茶園をつくり、茶の木を育てた。栂尾は東と西を山で挟まれた谷にあり、日照時間が少なく、清滝川の流れに朝霧がたち、太陽の強い光をさえぎる。この自然環境は茶の生育に好都合だったのである。いまでも高山寺の境内には、明恵上人ゆかりの茶園がのこされている。

やがて、高山寺で育った茶の木は、南部の宇治や三重県の伊賀など、全国各地に栽培方法とともに伝えられ、広まっていった。

したがって「茶染《ちゃぞめ》」という言葉ができたのは、早くても平安時代の終わりから鎌倉時代にかけてと考えられる。

ところが「茶染」という、茶の木か茶の葉によって染められたと推測される言葉は、兵部卿平信範によって書かれた『兵範記』という日記の一一五八年（保元三）の記述に、

「十月十九日右衛門権佐貞憲、茶染狩襖袴、一斤染衣」

という文字がみえる。

狩襖袴とは普段着のことで、その狩襖と袴が、茶で染めた色あいであったのだろう。年代からみれば栄西や明恵によって茶の木が広まっていく以前から、茶染のあったことがうかがえるのである。

柿渋と正倉院袋

茶系統の代表的な染料には、柿と団栗の実などがある。

柿は、中国、朝鮮半島、日本が原産地といわれているように、日本にも古くから自生していた。平安時代の『本草和名《ほんぞうわみょう》』に「加岐」、『倭名類聚抄《わみょうるいじゅしょう》』には「賀岐」と記されており、宮廷でも栽培されていたことがうかがえる。往時は渋柿、甘柿の別はなかったようであるという説と、日本では室町時代以降、その区別がなされるようになったという二つの説がある。

実は食用にされるほか、柿渋液にして、家具、木材、和紙、漁網などに塗られた。色をつけるとともに、柿渋液はつややかな膜を張るところから、防水性があり、また防腐剤の役目をするとして、暮らしのなかでさまざまに用いられたのである。

この柿渋液は、渋柿の実からつくる。

夏の終わりころ、まだ青さがのこる渋柿の実を採り、砕いて搾る。搾りたての液はまだ青味があるが、この液を集めて発酵、二年ほど熟成させると、赤褐色の液体になり、安定した状態になる。これが柿渋液である。

この柿渋液を染料として用いる。正倉院に伝えられる染織品の多くは、赤、紫、藍、緑など、鮮やかな色彩で染められた絹や錦の染物がほとんどであるが、そうしたなかに、屛風を納めるために麻で仕立てられた大きな袋が何点か収蔵されている。

「摺布屛風袋」と名づけられたもので、やや繊維の太い麻布でできている。「天平勝宝五年」の墨書があって、その制作年代をつぶさに知らしめてくれる貴重なものである。そこには草花と飛鳥文様があらわされている。それは私がみたところ、柿渋の液か、あるいは胡桃の実の液で摺染《すりぞめ》されたように思われる。

そののち、鎌倉時代より小紋染、中型《ちゅうがた》染などの、型紙を使って文様をあらわす型染がさかんにおこなわれるようになる。その糊を置くための型紙は、薄い和紙を柿渋液で何枚も貼りあわせたものである。その型紙ができあがったあと、小刀で文様を彫っていくが、型紙の原紙の色は柿渋によって焦茶色となっている。

胡桃と丁子という染料

「胡桃」も日本では古くから用いられてきた代表的な茶色の染料のひとつである。胡桃は、クルミ科の落葉高木であり、さまざまな種類があって、わが国に古来自生しているのは、オニグルミと呼ばれるものである。核のなかの仁《にん》と呼ばれる部分は脂肪分があって滋養に富んでいるので、縄文時代から食用とされてきた。

胡桃の青い果実は、手で搾ると茶褐色の液がにじみ出てくるほどタンニン酸を多く含んでいて、染料としての活用も早かった。

『正倉院文書』には、「胡桃紙」「胡桃染」という記載がある。

平安時代に入って、承和元年（八三四）には、囚人を監視する囚獄司や、祭祀をつかさどる物部氏の佩《は》く太刀の紐《ひも》を胡桃染と決めていたという記事が『延喜式』弾正台にみえる。

この時代、紙の染色にもよく使われていたようで、『源氏物語』には、光源氏が須磨や明石で過ごしているときに出会った明石の上への手紙を、胡桃色の紙にしたためている様子が描かれている。

熱帯地方に生育する「丁子」は、フトモモ科の常緑高木で、英名ではクローブと呼ばれ、カレーやスープをつくるときに香ばしさを出すために使われる。奈良時代に香料や生薬として日本にもたらされた。その後、染料として使われ、とりわけ公家の間に流行したようである。

室町時代後期に記された『源氏男女装束抄』には、

「丁子を濃く煎じたる汁にて染めたるものなり。香染ともいふなり」

とあるように、染めていると、いい香りが布や糸にも移る。そのため「香染《こうぞめ》」という呼び名が生まれたという話もうなずける。

『源氏物語』にも、いくつかの丁子染が登場する。手紙であれ衣裳であれ、そのえもいわれぬ芳香がのこるため、よりいっそう相手に印象づける効果があったようである。

光源氏の息子の夕霧が、幼なじみの雲居雁《くもいのかり》とようやく結ばれることになったとき、光源氏が彼を六条院に呼んで、これからのことを諭す場面がある。夕霧は、

「すこし色深き御直衣に、丁子染のこがるるまでしめる、白き綾のなつかしき」

という衣裳を着ており、あらたまった様子がことさら優雅にみえると表現されている。

ただ、外来の高価な丁字を染色に使うことが許されるのは、殿上人だけであったようで、それが叶わぬ人々は、淡紅に染めて支子《くちなし》の黄色を重ね、少し赤みのある色に染めて、それを「濃き香」と呼んでいたと記されている。

墨の発見

太陽が沈み、光を失って、ものをみることができなくなったとき、人間は暗い闇の世界へとじこめられる。闇は恐怖の世界であり、人の生涯にたとえるなら、死の世界へ入ることを意味する。「アケル」から「クレル」、赤から黒へ。人は黒を恐れながら、赤あるいは白との対極にある色としてとらえ、そのなかにすべての色が内包されるように感じて、たとえば中国では、「墨に五彩あり」と、墨のなかにはすべての、あらゆる色が含まれていると説いた。

人間は火を自由にできる唯一の動物であるから、有史以前から物を燃焼させると明るさが得られることを知るようになった。そしてその炎から出る煙で天井には煤がたまり、それが顔料とな

り、人工的な黒が生まれた。

人間が初めてつくりだした黒い色は墨である。

洞窟や動物の皮でつくった天幕のなかで生活をしているとき、太陽が没して夜になると、焚火をして灯りをとり、また暖をとる。そして、獲物を焼いたり煮たりして食事をとる。これを繰返すうちに天井には煤がたまる。それを集めて塗れば、墨色の線などを描くことができる。土をこねて器をつくる。野焼きのような技法で焼成すると、ある部分には墨がついて黒色となる。人は黒という色を、その対極にある赤い炎によって知ったのである。

黒という文字の旧字体（正字）は、「柬」と「火」からなっていて、柬は袋のように覆いかぶせるものと解する。その下で火を燃やすと袋のなかが黒くなる。すなわち墨ができるということである。

したがって、第一章に記した赤と、ものを燃焼させることによって得られる墨の黒とが、人間が最初に発見、採取してつくった色といって間違いない。

やがて煤を集めるための袋のようなものをつくるようになり、さらに松や桐の木を燃やすとその脂分により効果的な色が得られることを発見する。その煤を集めて膠水《にかわすい》（膠の水溶液）で固める。漢代にはすでにこのような方法がおこなわれていたという。この墨は中国の偉大な発明のひとつである。

はじめは麻布や絹布、木簡、竹簡に書いていたのだが、紀元前に同じく中国で発明された紙によって、墨の美しさが見事に表現されるようになったのである。

日本へは七世紀、推古天皇のころ、高句麗王が遣わした僧曇徴《どんちょう》によって紙と墨がもたらされたと伝えられているが、実際にはそれ以前に伝来していたともいわれる。

墨は書や絵画の書写材料として重要なものとなっていたが、加えて仏教が伝わってからは写経に欠かせないものとなった。

唐の時代からはじめられたという墨の濃淡や暈《ぼか》しを効果的に用いて描かれた水墨画の雲龍図など、画面は墨の濃淡にすぎないのに、眼の奥深くには、一つひとつ表現するのがもどかしいほどの極彩色があると感じられる。まさに「墨に五彩あり」といわれるように、無限の色がちりばめられた世界である。

墨は、植物に含まれる脂を燃焼させて、そのときに出る煤を集めてつくられる。その植物の代表的なものは松である。

松を燃やしてできた煤を集めたもの（松煙墨《しょうえんぼく》）は、まさに墨を代表するもので、なかに青味を強くおびるものもあって、これをとくに「青墨《あおずみ》」と呼んで珍重している。

このほか、桐・菜種・胡麻などの植物からも墨をつくっていて（油煙墨《ゆえんぼく》）、日本では奈良地方がその生産地として有名である。

墨色とはまさしく墨の色であるが、墨染めの衣というように、僧侶の衣や喪に服するときの色で墨色と記されるものは、のちに紹介する橡や木五倍子《きぶし》、檳榔樹《びんろうじゅ》など茶系統の染料を鉄分で発色したものと考えてよいだろう。人間は暗黒の世界へ入っていくことを嫌いながらも、数え切れないほどの黒の色もつくりだしてきたのである。

私たちの先祖は、もうひとつの黒を発見していた可能性がある。

縄文から弥生時代の原始的な衣生活というのは、今日のように木綿や絹を自由に着こなしているわけではなかった。

麻のような草や藤や楮といった樹の皮をはいで、その内側にある柔らかな繊維を細くさき、それをつないで一本の糸として、編んだり組んだりして一枚の布のようにしていたのである。やがて布を織るための機《はた》を発明して、経糸《たていと》を整経し緯糸《よこいと》を打ち込んで布帛に仕上げる技を完成させていく。それらは茎の内皮を使っているため、自ずから、茶色、すなわちタンニン酸が含まれていて、生成《きなり》色を呈している。

自然界の土にはさまざまな金属が含まれているが、鉄分を多く含む黒っぽい土のなかに、水が流入して泥状になっているような場所がある。そこに木の葉が落ちたり、樹が倒れて幹が浸かったりする。すると、その部分が黒くなっているのに気づいた人がいたのではないか。

つまり泥のなかに含まれる鉄分によって、樹に含まれるタンニン酸が黒く化学変化することを発見したとき、黒染がはじまったのである。まさに茶と黒は兄弟といえる。

「くろ」には「涅」と書く字もあるが、『説文解字』によれば「黒土の水中に在るものなり」とされていて、また『淮南子《えなんじ》』（前漢の高祖の孫、劉安の編）には、その涅《でつ》をもって緇《し》、すなわち黒に染めるとあるから、土中の鉄分によって媒染《ばいせん》して黒染をしていることを示している。

日本でも各地に鉄分を多く含む土地がある。そうした泥土のなかに、生成の色をしたタンニン酸を多く有している麻や藤や榀《しな》などの繊維を浸けたときに、黒く発色するのをみて、黒染の原形がごく自然にできあがっていったのである。

このような技法は、わが国ではいまも、奄美大島で織られている大島紬《つむぎ》の黒茶色の染色に使われていて、車輪梅《しゃりんばい》という茶色の染料で糸を染めたあと、鉄気の出る泥田に浸けて黒色にするのである。

こうしたものが近くにないところ、たとえば地下水に鉄気が少ない京都のような地では、鉄気《かなけ》水《みず》を造ることになる。

真赤になるまで焼いた鉄屑を錆びさせて、どろどろのお粥や木酢のなかに入れ、鉄漿《かね》あるいはお歯黒鉄をつくったのである。ただし、このお歯黒鉄をつくるのは、のちに人間が鉄分を土中より採掘して鉄器の製造、すなわち製鉄技術が普及する以前は、不可能であった。

平安時代以降、裳着《もぎ》をむかえる女性は、歯を黒く染める習わしがあった。それは五倍子《ふしのこ》粉といって、ヌルデの樹に虫が寄生してできたコブのような部分を使う染料であるが、それを粉末にしたものを歯に塗り、そのあとで鉄漿を塗ると、歯が黒く染まる。このお歯黒の風習は、やがて公家や武士の間にも広まっていき、江戸時代には、身分にかかわらず既婚女性はすべておこなうようになった。

二、江戸の粋となった茶と黒

憲法黒と吉岡染

鉄分のある液と茶色系の染料が出会うと黒染になるのは、これまで述べたとおりである。しかし、黒染といっても、灰色から漆黒まで、さまざまな色相がある。

たとえば、鈍色《にびいろ》は平安時代からみられる色名で、墨色の淡いものからかなり濃いものまで、近しい人に不幸があったとき、喪に服する気持ちをこめて着用した色である。

奈良時代の文献に橡《つるばみ》、椎、柴などのタンニンを含む染料のことが記されているが、茶色の染色に用いるほか、これらもさきほどの技法によって黒系の色にも用いられたと考えてよいだろう。

『源氏物語』「葵」の帖では、光源氏の正妻葵の上が亡くなったときの描写に、

「にばめる御衣《おんぞ》たてまつれるも、夢のここちして、われ先立たましかば、深くぞ染めたまはましとおぼすさへ」

とある。

光源氏が鈍色を着ながら、葵の上が亡くなってしまったなど夢のようである、もし自分が先立ったら、葵の上はもっと深い鈍色を着ただろうと記されている。

妻の場合の服喪期間は三カ月、夫のときは一年、濃い色の喪服を着ることとなっていた。鈍色とはそのすべての濃淡をいい、亡き人とのつながりが深いほど、濃いものを着たのである。

鎌倉時代になっても「鈍」という漢字が使われたかどうかは定かではないが、この文字は、刀が錆びて切れが鈍くなったとの意というから、錆びた刀を木酢などの液中に放りこんでおけば、鉄分が溶けて媒染剤となり、それを使って発色させたのではないかと私は推測している。

また「憲法黒《けんぽうぐろ》」という色名がある。これは吉岡憲法という人が江戸時代はじめに染めたといわれる黒褐色をいう。

室町時代の終わりころ、京都の兵法の流派に吉岡流と呼ばれる一派があり、足利将軍家の兵法指南をつとめて名声を高めていた。江戸時代をむかえるころには、吉岡憲法とその弟子が、剣豪宮本武蔵と何度か立ちあったといわれている。しかし、史実としては詳《つまび》らかではない。

吉岡家は豊臣秀吉に仕えていたが、関ヶ原の戦いで勝利した家康に、大坂冬の陣では、ゆめゆめ豊臣方に味方することのないようにと通告されていた。にもかかわらず、一門は豊臣方についたのである。そして、敗れたことを恥じて兵法を捨て、京都堀川の流れに近い四条西洞院《にしのとういん》において、門人であった李三官から伝えられた黒染法を専門とする染色業に携わるようになったのだという。

そのはじめのころは、檳榔子《びんろうじ》（檳榔樹の実）を鉄分で発色させる方法で染めており、一説によると、文様は型紙による鮫小紋が得意であったといわれている。

吉岡染はなかなかに興隆したようで、吉岡家から分家して染色業を営んだ家は、京都ではかなりの数にのぼり、「吉岡」の名は染屋の代名詞でもあった。

さらに「梅染《うめぞめ》」という、やはり黒色系の染めがある。これは、梅の幹を細かく刻んで煎じ、その液で染めたあと鉄漿で発色させた染めものである。

江戸時代のなかごろ、伊勢《いせ》貞丈《さだたけ》という有職故実研究家が著した『貞丈雑記《ていじょうざつき》』に、

「梅染赤梅黒梅三品あり。梅やしぶにてざつと染たるは梅染也。少数を染たるは赤梅也。度々染めて黒みあるは黒梅也」

と記されている。これは、茶系統の染料が、媒染剤によってそれぞれ発色が異なることを如実に物語っている。

「梅やしぶ」(梅屋渋)というのは、梅の幹を細かく刻んで煮沸し、さらに樹皮にタンニン酸をたくさん含んでいる榛《はり》を加えて数時間煮出したものをさしている。梅染と記してあるのは、おそらく明礬《みょうばん》発色させたもので、赤梅は、石灰または木灰、あるいは藁灰《わらばい》で発色させたものだろう。

黒梅は鉄分で発色させたもので、加賀の梅染はこれにあたると思われる。

『蜷川親元《ちかもと》日記』の寛正六年(一四六五)七月一日の条には、

「文庫え、賀州白山三位公長吏子也帷子五梅染進レ之、御返事候、例年也」、

『日用三昧記』(一五四〇)には、

「自二光重一有レ文、加賀黒梅面壱恵レ之」

とあるので、加賀の名高い梅染あるいは黒梅染がかなり古くからあったと考えられる。

「四十八茶百鼠」

江戸時代の寛永・寛文をすぎたあたりから、天下泰平を謳歌した元禄にかけて、江戸、京、大坂といった大きな都市における町人の繁栄には眼を見張るものがあった。街には人が集まって活気にあふれ、地方ではそれぞれの藩の殖産振興策の成果があらわれて、特産品はこぞって都市へ

運ばれ、商品流通もさかんになったからである。

町人たちは富を築くとともに、公家や武士のような贅沢な暮らしを目指すようになり、衣服にもその兆しがあらわれた。

前にも記したように、一六七三年、江戸本町に呉服小売店越後屋（三越の前身）が開店して、一般大衆を相手に呉服を売るようになったのが、そのような時代を象徴しているといえよう。

幕府は奢侈禁止令をたびたび出して、庶民の華美、贅沢を禁じた。紅、紫、金糸銀糸、惣鹿子《そうかのこ》などの華やかな衣裳を着てはならないというお触れを出したのである。

富める町人たちはそれをやむなく受け入れ、幕府の禁令に対して、茶や黒、鼠系統の地味な色あいの縞《しま》や格子、小紋の着物など、表向きには目立たないものを着るようになっていった。だが、どんな色でもよいというわけではなく、茶や黒にもさまざまな変化をつけて工夫していた。それぞれの色に、当時人気の歌舞伎役者、歴史的人物、風月山水などあらゆるものにゆかりのある名をつけ、その微妙な色相の変化を楽しんだようである。

その数は、「四十八茶百鼠」といわれるように、茶色に四十八、鼠色には薄墨から墨にいたるまで百もの色があったという。実際にそれだけの数があったのかどうか定かではないが、それほど多かったということなのだろう。

その色名を江戸期の文学や、『御ひいなかた』『小袖御ひいなかた』などの雛形本、また『染屋秘伝』など、その時代に刊行された染法を記す文献などから拾ってみると、およそ次のようになる。

○茶色

路考茶　璃寛茶　梅幸茶　団十郎茶　芝翫茶　岩井茶　路春茶　遠州茶　利休茶　利休白茶　宗伝唐茶　宗伝茶　観世茶　白茶　黄茶　赤茶　青茶　緑茶　黒茶　金茶　唐茶　昔唐茶　樺茶　江戸茶　土器茶　枯茶　媚茶　焦茶　葡萄茶　栗皮茶　煤竹茶　御召茶　黄海松茶　木枯茶　桑茶　沈香茶　千歳茶　礪茶　百塩茶　丁子茶　枇杷茶　黄唐茶　山吹茶　鶯茶　鶸茶　雀茶　鳶茶　柳茶　藍媚茶　御納戸茶　銀御納戸茶　茶微塵茶　宝茶　栗金茶　猩々茶　栗梅茶　小豆茶　紅海老茶　丹柄茶　蜜柑茶　桃山茶　蘭茶　黄雀茶　梅茶　海松茶　素海松茶　柳煤竹茶　威光茶　藍礪茶　藍墨茶　極焦茶　憲房黒茶　猟虎茶　鼠茶　文人茶　光悦茶　信楽茶　翁茶　鴇唐茶　桑色白茶　豆殻茶　唐竹茶（など八十種）

○鼠色

桜鼠　素鼠　銀鼠　丼鼠　利休鼠　深川鼠　藤鼠　鳩羽鼠　青柳鼠　梅鼠　想思鼠　納戸鼠　紅消鼠　松葉鼠　柳鼠　葡萄鼠　白鼠　茶鼠　藍鼠　錆鼠　濃鼠　薄鼠　白梅鼠　紅梅鼠　小町鼠　薄雲鼠　絹鼠　暁鼠　薄梅鼠　鴇色鼠　鴨川鼠　淀鼠　水色鼠　湊鼠　空色鼠　浪花鼠　中鼠　都鼠　御召鼠　小豆鼠　臙脂鼠　紅鼠　牡丹鼠　茶気鼠　嵯峨鼠　壁鼠　生壁鼠　山吹鼠　黄鼠　玉子鼠　島松鼠　呉竹鼠　藍生鼠　鉄鼠　軍勝鼠　紫鼠　桔梗鼠　貴族鼠　源氏鼠　繁鼠　黒鼠　漆鼠　染汁鼠　唐土鼠　薩摩鼠（など約七十種）

江戸時代の人が、元禄をすぎたころより、幕府の禁令にそむくことなく、粋なお洒落として、こうした茶・黒系の色を基調に、縞、格子、小紋などの着物を好んだことは確かではある。だが一方で、そのころでも裏地には、女性なら鮮やかな紅絹《もみ》をつけたり、男性なら羽織の裏に描絵《かきえ》をほどこしたり、インドやヨーロッパから舶載された手に入りにくい華美な裂《きれ》を使うなど、みえないところに華麗な色や意匠を凝らしていたことも忘れてはならない。

これらは「裏勝《うらまさ》り」といわれ、庶民の心意気と反骨心をあらわすものだったのだろう。

清浄な白
最後に色彩の極致ともいうべき、白について語りたい。

「京の底冷え」という言葉がある。比叡おろし、愛宕おろし、あるいは北山の淡い雪の積もった山々から吹きおりてくる風は冷たい。ときおり街中にも雪が舞ってうっすらと白い世界になることがある。

大きな伽藍のなだらかな屋根の黒瓦に淡雪が積もって、閑寂な対照美を思いがけずにみることができるのもこの季節である。

清少納言は『枕草子』に、

「雪は、檜皮葺、いとめでたし。すこし消えがたになりたるほど。まだいと多うも降らぬが、瓦の目毎に入りて、黒う丸《まろ》に見えたる、いとをかし」

と雪の降るおりの檜皮葺と黒瓦の美しさをめでている。

白はどのような色にでも染めることができることから、清らかで汚れのないものとして、日本では古代より神にささげるにふさわしい色とされてきた。つまり、黒と対比されるのが白である。

白の文字の源は、頭が白骨化したものという。偉大な指導者や強敵の首は長く保存されたが、それがしだいに白くなるので、白色、明白、潔白の意になったといわれている。したがって「伯」は偉大な人の意になったという。

自然界においては、雪や霜は白をあらわしている。

白が清らかな、汚れのないものという意味をもっていたのは、古代エジプトでも同じで、晒した亜麻布の白を清浄なものと崇めて、いつもそれを着用していた。壁画の人物像は、どれも白い布をまとっている。人が亡くなったあと、墓に葬るときに、そのからだを白い布で包み、ミイラにしたのも、死者の再生を願ってのことである。

現代人であれば、絹糸と聞けば白い糸を思い浮かべるが、もともと野生の櫟《くぬぎ》や楢《なら》の木の葉を食べて育つ蚕（山繭）が吐く糸は、緑色や薄茶色であった。桑の葉を食べる蚕も原種は黄色い糸を吐いたのだが、人間の手によって飼育されるようになり（家蚕）、そののちに白い糸を吐くものだけを集めて交配、改良が重ねられたのである。

麻布も、織りあげたばかりのものは、ごく薄い茶色の、いわゆる生成《きなり》色である。つまり漂白の工程を経ることで白くなる。木灰に湯を注いで放置し、上澄み液（灰汁《あく》）をとり、そのなかでひたすら洗い、そのあとで天日に晒すのである。

晒し方にもいろいろあって、沖縄では静かな内海の海面すれすれに布を張り、光が海水の反射で強くなることを利用する海晒しがおこなわれている。越後上布の雪晒しは、降り積もった雪のうえに布を広げて晒すもの。奈良では茶畑を覆うように布を張り、葉の照り返しを受けるようにして晒す。

川に近い所では、その流れで洗ったあと、岸辺に干す川晒しがある。東京は多摩川の調布周辺、奈良の木津川や京都の宇治川も、古くから知られた場所である。「さらし」は、邦楽の曲名でも知られる。元禄のころ、深草検校《けんぎょう》が宇治川での晒しの情景を見ながら作曲したものが、箏曲《そうきょく》に移されたものという。

美しい色を得るために、人は、まず純白な布、糸、紙を必要としたのである。

あとがき

私の家は江戸時代の終わりころから代々染屋を営んでいるせいか、書画骨董の世界にもかなり興味を示していたようで、家にはガラクタ的というべきか、収集品がゴロゴロしている。

四代目にあたる私の父・常雄も、若いころからそうしたクセを身につけていたらしく、家で使っている日常の器は、伊万里の皿やそば猪口、麦藁手の茶碗など、さらに土瓶や大ぶりなどんぶりは、浜田庄司さんの益子焼の作品であったりした。

子どものころはもちろん、そうしたことに関心はなかった。しかし、高校生くらいになると、友人の家とは違った変わった家だなあという感慨が芽生えるようになる。

父が遊びに連れていってくれるところといえば、美術館や博物館、たとえば奈良国立博物館で年に一度催される正倉院展という有り様だった。父の机の上には、専門である染織品、江戸時代の小袖の断片裂やインドの更紗などが、分厚い美術書とともに積まれていて、私にとってそれらは日常見慣れたものだったのである。

ただ、私は長男でありながら、染屋家業を継ぐつもりはなく、大学の文学部に入ってぐうたらな生活をしていた。そして、ようやく拾ってもらった就職先が美術工芸専門の出版社だった。

そうすると、子どものころから慣れ親しんできた美術工芸品が、より身近なものとなってきて、自分の志とは裏腹に、それらをすすんで観賞するようになっていった。

編集者の特権で、博物館で貴重な美術品の撮影に立ち会うなどの経験もした。また、海外の美術館へ行ったおりには、特別な計らいで学芸員しか立ち入れない倉庫へ入れてもらう機会も多かった。そうしたなかで、美術工芸品の表面的な美しさだけでなく、それらが生出された秘密というか、つまり技法や素材までがみえてきて、ますますこの世界にのめり込むようになっていったのである。

それでも自分が将来、家業を継いで実作に携わるなどとは考えもしなかった。四十一歳のときの方向転換については、本書の冒頭でふれている。

家業に従事してみて、植物染料を鍋に入れて煎じてみたり、染める液のなかで糸や布を繰ってみると、これまで「観賞」の対象でしかなかったものが、徐々に違った側面も見えてくるようになる。古い記録や本に記されたもの、あるいは桃山期や江戸期の染織品を見てきた眼の記憶だけではない発見が、いくつもあったのである。

染めの仕事には根気が必要である。焦ってはよい色は出てくれない。はじめは、自分がそうした根気のいる仕事に向いているのかどうか不安だった。しかし、実際に色彩を醸し出す素材と格闘していくと、出版社時代と同じようにのめり込む自分を見いだしたのである。

さらに染織品だけでなく、絵画、漆、陶磁器などというほかの分野の美術工芸品を観賞する視点もしだいに変わっていくように思えた。

植物染による伝統色に仕事の基盤を固め、四苦八苦しているうちに、そうした立場から原稿執筆や講演を頼まれたり、大学の非常勤講師として学生たちに教えたりと、自分の仕事について話をする機会も増えていった。

また、植物染という私の仕事が、昨今の地球環境問題と重なるところもあってか、世間の方々からも興味をもっていただくことがあった。

二〇〇一年、ＮＨＫ京都支局の青山恒プロデューサーから、当時あった「ＮＨＫ人間講座」という番組に出演しないかとお誘いを受けた。

テキストを一冊書いてからの番組制作で、率直にいって自分の力に見合うことなのか、いささかたじろいだが、青山さんのおかげで、なんとか番組が放映されることになる。

タイトルは、「日本人の創った色」。都合八回におよぶ放送は、思ったより多くの方々から反響があり、無事終わったことに胸をなでおろした。それから二年ほどたって新潮社の庄司一郎さんより、このテキストと放送の内容を基にして選書としてまとめてみてはどうか、というご依頼を受けた。

私は一介の染屋の主であるから、原稿などの整理がはかどらず、ご依頼から数年たってようやくまとまったのが本書である。

上梓するにあたっては、私なりに新しく勉強したものを加えて構成したつもりでいる。

こうした作業には、いつも畏友・槙野修氏に助力をいただき、紫紅社の小野久仁子さんにもお世話になった。

遅れがちな仕事にいつも励ましていただいた庄司一郎さんにも、感謝の意を表したい。

ここ二、三年、イギリスやドイツへ出向くことが多くなっているが、化学染料を発明したそうした国でも、ふたたび植物染の技と色彩に関心が高まっていると感じる。

こうしたことが一条の光となって、自然環境問題が少しでもいい方向に向くようにと願いつつ、筆をおきたい。

平成十九年十二月

吉岡　幸雄

新潮選書

日本人《にほんじん》の愛《あい》した色《いろ》

著　者………………吉《よし》岡《おか》幸《さち》雄《お》

発　行………………2008年1月25日
2　刷………………2011年9月10日

発行者………………佐藤隆信
発行所………………株式会社新潮社
〒162-8711 東京都新宿区矢来町71
電話　編集部 03-3266-5411
　　　読者係 03-3266-5111
http://www.shinchosha.co.jp
印刷所………………錦明印刷株式会社
製本所………………株式会社大進堂

乱丁・落丁本は、ご面倒ですが小社読者係宛お送り下さい。送料小社負担にてお取替えいたします。
価格はカバーに表示してあります。

ISBN978-4-10-603597-5 C0395

家紋の話
——上絵師が語る紋章の美——

泡坂妻夫

繊細で大胆なアイデアと斬新なデザイン——世界に類のない紋章文化。40年以上も上絵師として活躍した著者が、職人の視点で、家紋の魅力の全てに迫る！

《新潮選書》

日本語の手ざわり

石川九楊

手で書き、縦に書いてこそ日本語表現の多様さ、美しさ、繊細さは生かされる。「考える書家」が、言葉の本質を根底から問い直す、新しくて刺激的な日本語論。

《新潮選書》

日本・日本語・日本人

大野晋
森本哲郎
鈴木孝夫

日本語と日本の将来を予言する！ 英語第二公用語論やカタカナ語の問題、国語教育の重要性などを論じながら、この国の命運を考える白熱座談二十時間！

《新潮選書》

桜と日本人

小川和佑

花といえば桜。その比類ない美しさは、様々な文学に描かれてきた。ヤマザクラ、ソメイヨシノなど多彩な品種の特徴を踏まえ、日本人の桜愛の本質を探る。

《新潮選書》

武士道と日本型能力主義

笠谷和比古

厳格な身分社会と思われていた江戸時代に、家臣が藩主を更迭したり、下級武士が抜擢される能力主義が機能していた。日本型企業のルーツを探る組織論。

《新潮選書》

零《れい》式《しき》艦上戦闘機

清水政彦

20㎜機銃の弾道は曲がっていたか？ 防御軽視だったか？ 撃墜王の腕前は確かか？ 最期は特攻機用か？ 通説・俗説をすべて覆す、斬新な「零《ゼロ》戦論」。

《新潮選書》

川柳のエロティシズム

下山弘

巧みに仕掛けられた粋とユーモアとエロティシズム……浮世絵の春画のように密やかに愛好され、江戸人士たちを狂喜させた「ばれ句」の展開を徹底的に評釈。

《新潮選書》

日本人はなぜ日本を愛せないのか

鈴木孝夫

強烈な自己主張を苦手とし、外国文化を巧みに取り込んで〝自己改造〟をはかる国柄は、なぜ生まれたのか。右でも左でもなく日本を考えるための必読書。

《新潮選書》

連句のたのしみ

高橋順子

連句をしたいけれど規則がわずらわしくて、という声をよく聞く。まず始めることである。芭蕉から現代の連句までを紹介しつつ実践に導く解り易い入門書。

《新潮選書》

真っ当な日本人の育て方

田下昌明

「壊れた日本人」の出現は、永年受け継がれてきた育児法が、戦後日本からなくなった結果である。現役のベテラン小児科医がたどりついた「救国の育児論」。

《新潮選書》

卍の魔力、巴の呪力

家紋おもしろ語り

泡坂妻夫

仏さまの髪の毛を表わす吉祥の卍、火災を防ぐ巴の渦……小さな紋章に込められた切なる願いと、奇抜な由来。日本人の細やかな感性が作り上げた、粋の世界！

《新潮選書》

日本人の老後

長山靖生

老人こそ時代を映す鑑である！ 昔日の隠居制から今日の年金崩壊や熟年離婚激増まで、「老人文化」はどう変化したのか。その変遷にあなたの明日が見えてくる。

《新潮選書》